*Ampliando o repertório
do coro infantojuvenil*

FUNDAÇÃO EDITORA DA UNESP

Presidente do Conselho Curador
Mário Sérgio Vasconcelos

Diretor-Presidente
José Castilho Marques Neto

Editor-Executivo
Jézio Hernani Bomfim Gutierre

Assessor editorial
João Luís Ceccantini

Conselho Editorial Acadêmico
Alberto Tsuyoshi Ikeda
Áureo Busetto
Célia Aparecida Ferreira Tolentino
Eda Maria Góes
Elisabete Maniglia
Elisabeth Criscuolo Urbinati
Ildeberto Muniz de Almeida
Maria de Lourdes Ortiz Gandini Baldan
Nilson Ghirardello
Vicente Pleitez

Editores-Assistentes
Anderson Nobara
Fabiana Mioto
Jorge Pereira Filho

Comissão Editorial do Projeto UNESP/Funarte sobre Arte e Educação

Elvira Vernaschi (Coordenação)

Mariza Bertoli
Veronica Stigger
Anderson Tobita (Secretário)

Leila Rosa Gonçalves Vertamatti

Ampliando o repertório do coro infantojuvenil
Um estudo de repertório inserido em uma nova estética

© 2006 Editora UNESP

Direitos de publicação reservados à:
Fundação Editora da Unesp (FEU)
Praça da Sé, 108
01001-900 – São Paulo – SP
Tel.: (0xx11) 3242-7171
Fax: (0xx11) 3242-7172
www.editoraunesp.com.br
www.livrariaunesp.com.br
feu@editora.unesp.br

Fundação Nacional de Artes – Funarte
Rua da Imprensa, 16 – Centro
20030-120 – Rio de Janeiro – RJ
Tel.: (0xx21) 2279-8053 / (0xx21) 2262-8070
promocao@funarte.gov.br
www.funarte.gov.br

Dados Internacionais de Catalogação na Publicação (CIP)
(Câmara Brasileira do Livro, SP, Brasil)

V643a

Vertamatti, Leila Rosa Gonçalves
    Ampliando o repertório do coro infantojuvenil: um estudo de repertório inserido em uma nova estética/Leila Rosa Gonçalves Vertamatti. – São Paulo: Editora UNESP ; Rio de Janeiro: FUNARTE, 2008.

    Inclui bibliografia
    ISBN 978-85-7507-097-0 (Funarte)
    ISBN 978-85-7139-802-3 (Unesp)

    1. Canto coral infantojuvenil. 2. Canções infantis. 3. Música – Instrução e ensino. I. Título.

08-0428

CDD: 780.77
CDU: 78(07)

Esta publicação foi financiada com recursos do Tesouro Nacional, por meio do convênio 24/2007, celebrado entre a Fundação Nacional de Artes – Funarte e a Fundação Editora da Unesp.

Editora afiliada:

Asociación de Editoriales Universitarias de América Latina y el Caribe

Associação Brasileira de Editoras Universitárias

À minha mãe, Gina, por todo seu cuidado, sempre.
A meu esposo Egídio,
e as meus filhos Rafael e Fábio, por
seu afeto incondicional.
Com todo o meu carinho.

Ao Grupo CantorIA do Instituto de Artes da UNESP,
sem o qual este trabalho não seria possível.

Agradecimentos

Muitos foram os que caminharam comigo. Os agradecimentos manifestam meu reconhecimento a todos aqueles que estiveram direta ou indiretamente a meu lado.

A minha grande amiga e orientadora, profª. dra. Marisa Fonterrada. À minha mãe Gina e minha família, Egídio, Rafael e Fábio, pelo apoio incondicional.

A todos os compositores, em especial Jean-Yves Bosseur, Álvaro Borges, Arthur Rinaldi e Sergio Leal, que contribuíram com seus trabalhos. À cantora e regente Brigitte Rose, fonte de inspiração desta reflexão. Aos monitores e cantores do CantorIA e aos regentes que gentilmente colaboram para este trabalho. A meus professores e a todos os meus alunos, fonte do eterno aprendizado. Ao Colégio São José pelo apoio ao encontro do Grupo CantorIA, no sítio Santo Antonio. À Maria Apparecida Marcondes Bussolotti, pelo trabalho de revisão. À Presto pela editoração eletrônica de parte das partituras. A amiga Lia Balzi, que sempre acreditou em meu trabalho. À Grande Mestra Beatriz Balzi, responsável por me introduzir no universo da música contemporânea, que continua viva dentro de mim por meio deste estudo. Em especial, ao grupo CantorIA, que aceitou o desafio de passar por esta experiência.

O menino que carregava água na peneira

Tenho um livro sobre águas e meninos.
Gostei mais de um menino que carregava água na peneira.
A mãe disse que carregar água na peneira
era o mesmo que roubar um vento e sair correndo com ele
para mostrar aos irmãos.
A mãe disse que era o mesmo que catar espinhos na água.
O mesmo que criar peixes no bolso.
O menino era ligado em despropósitos.
Quis montar os alicerces de uma casa sobre orvalhos.
A mãe reparou que o menino gastava mais do vazio do que do cheio.
Falava que os vazios são maiores e até infinitos.
Com o tempo aquele menino que era cismado e esquisito
porque gostava de carregar água na peneira
com o tempo descobriu que escrever seria o mesmo que carregar água na peneira.
No escrever o menino viu que era capaz de ser noviço, monge
ou mendigo ao mesmo tempo.
O menino aprendeu a usar as palavras.
Viu que podia fazer peraltagens com as palavras.
E começou a fazer peraltagens.
Foi capaz de interromper o vôo de um pássaro
botando ponto no final da frase.
Foi capaz de modificar a tarde botando uma chuva nela.
O menino fazia prodígios.
Até fez uma pedra dar flor!

Manoel de Barros, *Exercícios de ser criança* (1999).

Sumário

Introdução 15
    A visão de Merleau-Ponty 18
    Da visão de Gadamer 19

Parte I – Os fundamentos 23
1 O coro infantojuvenil e seu repertório 25
    Informações obtidas mediante contato direto com
    regentes de corais infantis e infantojuvenis 26
    Idioma verbal 28
    Tipo de acompanhamento 30
    Tipo de acompanhamento 31
    Sistema de organização 33
    Exame dos programas de concerto 33
    Comparação das pesquisas 35
    Discussão a respeito dos dados levantados 36

2 Transformações: a procura de novas experiências 39
    Mudanças ocorridas na linguagem musical a partir do século XIX 40
    Mudanças relacionadas ao ritmo 41
    Mudanças no plano formal 42
    Mudanças na harmonia 42

Outras mudanças 44
Na voz 46
Algumas das emissões vocais e técnicas empregadas
na música vocal contemporânea 47
Considerações 51
Reflexos da estética contemporânea na educação musical 51
   Guy Reibel 52
   John Paynter 55
   Murray Schafer 57
Considerações 60

3 O Grupo CantorIA e o surgimento do repertório 63
O Grupo CantorIA – Projeto "Educação Musical pela Voz" 63
Algumas experiências 68
O surgimento do repertório 74
Primeiras experiências 78
Repertório selecionado 85

Parte II – A experiência prática 87

4 "Limpeza de ouvidos" 89
Primeiras experiências com o repertório proposto 90
Música modal e pentatônica 93
   "Volt nekëm ëgy kecském" 94
   "O cachorro vira-lata" 95
   "Gomb, gomb" 96
   "Gamelan" 99
A prática do coro em relação ao repertório modal e pentatônico 106
Fragmentação melódica 107
   "Seis oraciones op. 78b – nº1" 107
Exercícios com fragmentação melódica 110
Glissandos 111
Exercícios para a compreensão de *glissandos* e grafia musical 114
Cluster e efeitos vocais (*parlando, Sprechgesang*, sussurro) 121
   "Süßer Tod (Doce morte)" 123
   "Pletykázó asszonyok" 126
   "O navio pirata" 129

Exercícios para auxiliar na resolução de *clusters* e efeitos vocais 138
Outras sonoridades/propostas 142
   "Wenn der schwer Gedruckte Klagt" 142
   "Drei Lieder aus 'Der Gluhende' – op. 2 n°2" 144
   "Ballo" 146
   "The wonderful widow of eighteen springs" 149
   "Haïku – *Quand il souffle de l'ouest e He! Cést la lune qui a chanté coucou?*" 152
   "Kaïku - *He! Cést la lune qui a chanté coucou?*" 154
Exercícios aplicados às composições de Flusser.................................. 156
Composições especialmente encomendadas para este estudo 162
   "Little grey eyes" 163
   "O bicho alfabeto" 166
   "Eu" 167
Montagem da obra 169
   "Pequeno nascer, grande morrer" 170
Preparação 174
Encontros/apresentações 176
Últimas experiências 177
Composição musical 177
   "Der Nordwind" 186
Congruências de sonoridades 187
Exercícios técnicos 192
Conversa entoada 193
Depoimento dos monitores 194
Depoimento de crianças e jovens 195
O repertório "novo" 196
Considerações 198

Referências bibliográficas 203

Introdução

A atividade docente teve início bem cedo e, durante essa trajetória, houve oportunidade de entrar em contato com várias linhas de pensamento e abordagens educacionais. A discussão a respeito de educação musical sempre me atraiu, o que me levou, ainda durante o curso técnico, a frequentar cursos de Iniciação Musical.

Paralelamente, prosseguia nos estudos de piano, tendo sido aluna de Beatriz Balzi, que me introduziu no universo da música contemporânea. O interesse por esse repertório, até então pouco conhecido, aumentava à medida que entrava em contato com obras e compositores dessa corrente estética; posteriormente, ele se intensificou pelo contato com professores do Curso de Graduação em Composição e Regência do Instituto de Artes da Unesp.

No entanto, ao confrontar esse repertório com o que meus alunos vivenciavam, não podia deixar de constatar a existência de uma lacuna entre a produção musical contemporânea[1] e o conhecimento que o público músico-estudantil tinha dela.

---

1 O termo "música contemporânea" dá margem a várias interpretações, podendo-se incluir nele o repertório de música popular, uma vez que contemporâneo significa do nosso tempo; sob esse rótulo, portanto, convivem as mais variadas tendências estéticas. Neste livro, o emprego do termo está em consonância com o uso que dele faz Guy Reibel, ou seja, como designativo de obras do período da história da música em que o sistema tonal é ampliado, gerando a prática de novas técnicas composicionais, mudanças na maneira de execução instrumental e uso da voz, interesse por materiais musicais extraocidentais, pelo ruído e pela ênfase dada ao aspecto timbrístico, entre outros. Essas técnicas permitiram uma abordagem

Observando programas de concerto, nota-se que a proporção de obras compostas a partir dos séculos XX e XXI, é muito menor do que o repertório composto em épocas anteriores, denotando, por parte de seus praticantes, um provável distanciamento em relação a essas músicas. Esse fato aponta para a desigualdade no tratamento do repertório estudado, que envolve diferentes organizações harmônicas, rítmicas e melódicas, fazendo-se evidente a pouca vivência de crianças e jovens no que se refere ao repertório da chamada música contemporânea. Essa constatação levou-me a refletir que a lacuna detectada na experiência de meus alunos poderia não se restringir a uma vivência particular, e ser difundida também em outras experiências de ensino de música.

Assim, se essa foi a constatação sobre o repertório praticado no Brasil, semelhante situação não ocorria em experiências de educação musical realizadas em outros países, as quais tive a oportunidade de conhecer. Embora se tratasse de casos particulares, que não podem ser tomados como regra geral, observou-se que essa prática, entre outros fatores, devia-se a propostas educacionais de alguns músicos-educadores preocupados em apresentar a seus alunos a estética contemporânea, adequando-a às capacidades do público-alvo com o qual trabalhavam, como o uso da voz e exploração criativa da voz por crianças e jovens em processo de desenvolvimento. Referimo-nos a compositores-educadores que atuaram na segunda metade do século XX, como Murray Schafer e Guy Reibel, entre outros. Esses músicos demonstram grande preocupação com o desenvolvimento musical ativo e criativo da criança e com a inserção da música contemporânea no processo de educação musical. Tive, também, oportunidade de acompanhar, durante dois meses, o trabalho vocal realizado por Brigitte Rose em Montbéliard, França, com coros infantis e infantojuvenis da Escola Nacional de Música da cidade e das escolas de ensino fundamental, onde o leque de escolhas do repertório trabalhado era amplo, abrangendo de músicas étnicas à música contemporânea. Essas propostas são iniciativas particulares, porém mostram outro ângulo da prática musical, mais abrangente do que a em geral encontrada no Brasil.

Da aproximação com as propostas educacionais desses músicos, pôde-se refletir a respeito da contradição detectada no trabalho coral que se desenvolvia, restrito à música tonal, ao repertório de Música Popular Brasileira (MPB) e à música étnica, e meus próprios interesses musicais, em minha atuação como pianista e estudante de música, interessada em música contemporânea.

---

diferente do fenômeno sonoro e das formas de organizá-lo, gerando, muitas vezes, uma grafia musical adaptável a essas produções, uma vez que a notação tradicional já não era suficientemente ampla para dar conta de todas as nuanças sonoras em uso no período.

Tal contradição revelou um conflito que me levou a questionar se haveria possibilidade de desenvolver um trabalho de educação musical pela voz, na prática coral que aproximasse os alunos da produção musical comprometida com outros sons e outras organizações harmônicas, melódicas, rítmicas, para eles não usuais, mudando, consequentemente, sua forma de escuta e compreensão de outras abordagens estéticas.

Mediante pesquisa realizada com vários regentes corais de grupos infantojuvenis da cidade de São Paulo, constatou-se a tendência por um tipo de repertório com ênfase em canções étnicas e Música Popular Brasileira e estrangeira, verificando-se, assim, que a percepção da linguagem musical não é vivenciada em todas as suas modalidades. A questão que se discute neste espaço é que essa produção representa apenas parcialmente a linguagem musical, sendo que os procedimentos que não fazem parte desse universo permanecem desconhecidos pelos grupos citados. Em virtude desse estreitamento na escolha do repertório, os coros têm, em geral, uma experiência unilateral da linguagem musical.

Alguns dos procedimentos adotados por compositores contemporâneos não são usuais na música baseada no sistema tonal. Pela prática desse repertório, os coros podem ampliar sua capacidade de escuta, uso da voz e compreensão do repertório trabalhado.

Entendendo o coro como processo educacional, ou seja, que a prática vocal é uma forma de desenvolvimento do jovem e da criança, acredita-se que a linguagem musical deva ser apresentada e vivenciada em ampla diversidade, com seus vários estilos e modalidades, seja tonal, modal, atonal ou eletroacústica.

O motivo que move este estudo para uma reflexão sobre a prática da música contemporânea no repertório coral infantojuvenil é a concepção de música como linguagem; como tal, acredita-se que deva ser amplamente vivenciada, a fim de que os jovens cantores tenham uma vivência da música em suas diferentes manifestações, evitando, assim, a visão unilateral da linguagem musical.

Não se pretende um estudo extenso sobre a linguagem, porém é preciso deixar claro que os pensamentos de Merleau-Ponty e Gadamer serviram de base para esta reflexão. Assim, alguns pontos são destacados para corroborar a ideia de que o corpo é essencial na construção do conhecimento e que a prática é a via pela qual as experiências do ser humano podem ser ampliadas. Além disso, linguagem supõe comunicação e, para que ela ocorra, é necessário que as pessoas envolvidas no processo compartilhem os mesmos códigos e convenções. O fato de a linguagem, segundo Merleau-Ponty (1971-75) e Gadamer (1977), ser vista, não em seus aspectos gramaticais e sintáticos, mas em seu uso pelo falante, dá sustentação à presente reflexão, que também prioriza a experiência do grupo e coloca no corpo a responsabilidade primeira no processo de aprendizagem da música.

A visão de Merleau-Ponty

Merleau-Ponty, ao estudar a questão da linguagem, aponta duas maneiras de analisá-la: a científica, em que a língua é vista como fato já constituído, e a fenomenológica, que se preocupa com o sujeito falante, que faz uso da linguagem para se comunicar com uma comunidade viva, "que compartilha da mesma experiência linguística" (Fonterrada, 1991, p.139). Segundo a visão desse autor, há uma relação ou comunicação entre ambas as formas de análise. O passado de uma língua já foi presente em um dado momento, e as modificações desse presente incorporaram-se ao sistema. No entanto, apesar de reconhecer o diálogo entre essas duas maneiras de compreender a linguagem, o estudo de Merleau-Ponty é feito sempre do ponto de vista de quem fala.

Merleau-Ponty (1975) compara a palavra ao gesto, pois, como ele, contém seu próprio sentido, o que torna possível a comunicação. Para que se compreendam as palavras do outro, é necessário que o vocabulário e a sintaxe da língua de quem fala já sejam conhecidos por quem quer compreender. Não basta apenas possuir os órgãos necessários à fala; a obtenção dessa habilidade é cultural, ou seja, os instrumentos morfológicos, sintáticos, lexicais, os gêneros literários, os tipos de narrativa, os modos de apresentação dos acontecimentos e a maneira de utilizar o próprio corpo fazem parte do mundo de experiências de determinada comunidade. É a eles que se terá de recorrer para compreender a palavra. O homem, porém, os reorganiza e os toma como seus de modo a dar-lhes um novo sentido. Todo ato de expressão do indivíduo está imbuído de suas experiências culturais, sociais e psicológicas que deixam sua marca no modo de ser e de expressar do sujeito. Esse é o motivo pelo qual um francês é diferente de um brasileiro, por exemplo, pois são dois sujeitos com experiências diversas e culturalmente diferentes.

Para Merleau-Ponty (1975) o corpo tem um papel de comunicação com o tempo e com o espaço, por meio da memória, capaz de reconstituir o passado, fabricando "pseudopresentes" e projetando neles um sentido. O corpo faz parte de um mundo pré-constituído, que registra as experiências passadas, que podem ser retomadas e transformadas no presente. O passado define o presente que, por sua vez, pode ser interpretado de infinitas maneiras. O presente pode alterar a interpretação e esta, por sua vez, pode interferir no futuro. A linguagem, portanto, é um ato corporal, assim como o é a compreensão, pelo homem, do mundo que o rodeia, evidenciando que toda apropriação de conhecimento passa, necessariamente, pela vivência corporal.

Da visão de Gadamer

De acordo com Gadamer (1977) a linguagem é o meio pelo qual o homem adquire todo o conhecimento, ou seja, pelo domínio da linguagem o homem tem acesso à compreensão do mundo.

A) Ele aponta para a capacidade de retenção da memória que permite reconhecer algo como familiar, ou seja, as experiências vividas são acumuladas e utilizadas para reconhecer os fatos presentes. Portanto, partindo de algo já experimentado, cada nova experiência adquire sentido.

B) Falar significa falar para alguém. Dessa forma, transcende o campo do "eu", pois pertence à esfera do "nós"; sua realidade se encontra no diálogo entre dois falantes, o qual pode ser comparado ao mesmo procedimento do jogo. Como no jogo, o diálogo visa ao envolvimento de todos os participantes e não ao predomínio da vontade individual. O fascínio do jogo está em seu movimento, que tem suas próprias dinâmicas e exige envolvimento do jogador participante. O jogo é impulsionado pelos estímulos e pelas reações dos jogadores, o que quer dizer que não ocorre de forma previsível, nem estruturada, pois não acontece na esfera do consciente; também pode tomar diferentes direções, dependendo da participação, do envolvimento e da determinação de cada jogador.

C) A linguagem é o espelho da cultura; está além do que se diz, ou seja, além do significado das palavras. Tudo o que é dito contém o não dito, gestos, palavras, expressões pertencentes a uma comunidade e não a outra. Quando alguém fala, não faz uso só do sistema linguístico, combinando as palavras, mas de entonações que modificam o sentido do que se quer dizer, de gestos contendo significados específicos, enfim de todos os aspectos sócio-histórico-culturais contidos na expressão de quem fala.

Baseando-se nesses pontos, acredita-se que as diversas experiências sonoras pelas quais passa o sujeito ficam retidas na memória, permitindo que ele reconheça sonoridades familiares no mundo sonoro a que é exposto, mas que só terão significado se fizerem "parte do mundo de experiências desse sujeito" (Fonterrada, 1991, p.151).

Semelhantemente ao que se dá na linguagem verbal, na experiência da música, passado, presente e futuro se entrelaçam. Trata-se de um movimento atemporal, que não existe sem a atuação corporal, ou seja, sem que uma prática se instale.

Continuando a relação estabelecida entre linguagem verbal e musical, pode-se dizer que o aprendizado da linguagem musical deve ser, antes de tudo, prático e pré-reflexivo, no primeiro momento, por ser espontâneo; posteriormente, passa a ser reflexivo, quando o domínio da linguagem musical tornou-a mais disponível para o sujeito que a pratica, transformando-o e ampliando seu universo sonoro. Dessa forma, a linguagem musical caminha de modo semelhante à verbal, que é gradativa e progressivamente adquirida pela prática. À medida que o domínio se instaura, o sujeito torna-se mais disponível a ela, sendo capaz de utilizá-la como meio de expressão, o que amplia seu sentido para o sujeito que a pratica. Dessa maneira, a habilidade desse sujeito músico poderá ser compartilhada com outros, também praticantes de música.

A elaboração deste livro se fez pela reflexão a respeito das palavras do pesquisador francês Guy Reibel (1984) que, apesar de reconhecer a existência de tentativas particulares de "professores de educação musical, criadores de experiências originais" (ibidem, p.21), detecta o distanciamento entre o ensino de música e a estética contemporânea e propõe uma aliança entre os setores pedagógico e composicional, para que haja comunicação entre o público e a música contemporânea. Para o compositor, ensino e criação são atividades complementares, que deveriam caminhar por vias paralelas (ibidem, p.10-23). Esse olhar é o mesmo que move este estudo.

Guy Reibel (1984) propõe exercícios, priorizando a voz, e dedicando atenção especial à percepção sonora e ao trabalho criativo que envolve o corpo, destinados a preparar terreno para que se instale em crianças e jovens a competência necessária à prática da música contemporânea. Acredita-se que a condição para que a comunicação se constitua seja a presença de um código comum entre quem ouve e quem fala e que a participação corporal no processo de construção do conhecimento seja indispensável.

Além de Reibel, outros autores constituem o elenco de teóricos que amparam as reflexões constantes neste livro: John Paynter e Murray Schafer que estão inseridos em uma linha contemporânea de Educação Musical, Brigitte Rose, no que se refere à voz cantada infantojuvenil, e Sharon Mabry (2002), no que diz respeito à música vocal contemporânea.

Na visão de Paynter (1972), a música do século XX oferece recursos que propiciam o desenvolvimento da Educação Musical, pois lida com a exploração de sua matéria-prima, o som. O autor defende, também, a escuta ativa, entendida por ele como sinônimo de experimentação. Além disso, ele vê a música como processo educacional de sensibilização.

Schafer (1991) propõe um processo de criação fundamentado na escuta dos sons ambientais, na integração de linguagens e na importância de explorar a música em suas características contemporâneas. Sua grande preocupação é o desenvolvimento da escuta qualitativa. O pensamento schaferiano, nas palavras da educadora Marisa Fonterrada, não se caracteriza como uma sistematização do ensino musical. "O que o mobiliza é o despertar de uma nova maneira de ser e estar no mundo, caracterizada pela mudança de consciência" (2001, p.214).

As contribuições de Sharon Mabry (2002) e Brigitte Rose (2000) são especificamente ligadas ao desenvolvimento vocal. A regente Brigitte Rose trabalha com músicas tradicionais e contemporâneas e desenvolve técnicas específicas de produção vocal dirigida a crianças e jovens. A cantora Sharon Mabry fez um estudo sobre emissão e técnica vocal, necessárias à execução da música do século XX.

Este livro divide-se em duas partes: "Os fundamentos" e "A experiência prática". A Parte I, está dividida em três capítulos, tratando dos fundamentos que norteiam a ação desta pesquisa.

O primeiro capítulo fornece uma amostra do trabalho realizado por alguns dos coros da Grande São Paulo, com o intuito de colocar em evidência a grande incidência de repertório baseado no sistema tonal e o consequente distanciamento, por parte dos grupos, da música contemporânea.

No segundo capítulo, parte-se para a revisão dos procedimentos estruturais da composição musical ocorridos desde meados do século XIX até hoje, com o objetivo de detectar as principais mudanças ocorridas na linguagem musical, que serviram de subsídio ao trabalho prático desta pesquisa. Outro ponto levantado é a aproximação com abordagens de alguns educadores musicais que incluem a música contemporânea em suas propostas.

No terceiro capítulo, encerrando a Parte I, introduz-se ao leitor o Grupo CantorIA, do Instituto de Artes da Unesp, para que, partindo da vivência musical a que seus integrantes estiveram expostos, fosse verificado o tipo de repertório por ele praticado. Listam-se, ainda, as canções selecionadas para o estudo.

A Parte II compõe-se de um capítulo que estuda a aproximação do Grupo CantorIA com o repertório mencionado, e se analisam as estratégias e os resultados obtidos durante o processo vivenciado pelo grupo. Esse estudo se dá diacronicamente, no que se refere à sua experiência musical, desde sua fundação, e sincronicamente, na compreensão do momento, em que se atuou junto a ele com o estudo de repertório contemporâneo, mostrando sua assimilação e as reações dos integrantes do grupo a ele.

Parte I

Os fundamentos

Capítulo 1
O coro infantojuvenil e seu repertório

É partindo do conceito de música como linguagem, de que ela é desenvolvida pela prática e que o exercício coral é um processo educacional, que se buscou saber sobre o estado da prática coral infantojuvenil na cidade de São Paulo.

O coro é uma atividade que vem crescendo em escolas particulares, públicas e em outras instituições, como organizações não governamentais, clubes, Prefeituras e organizações culturais em geral. Independentemente dos objetivos de seus criadores, sejam estes musicais, culturais ou quaisquer outros, a prática coral, de uma forma ou de outra, vem se tornando presente na vida do ser humano.

Usando prioritariamente a voz como instrumento, a prática do canto coral é um recurso que aproxima as pessoas da música de maneira simples, espontânea e pouco dispendiosa. Assim, pode ser implantada com um mínimo de recursos, permitindo, dessa forma, que todo indivíduo tenha, potencialmente, acesso à música.

Apesar de a prática do canto coral estar se tornando mais presente na vida da criança e do jovem do que ocorria há alguns anos, uma simples observação dessa prática aponta para uma restrição na escolha de repertório, em geral limitado a canções étnicas ou à Música Popular Brasileira (MPB). Para validar essa afirmação, decorrente de observação informal, buscaram-se informações em diferentes grupos corais da cidade de São Paulo a respeito do repertório por eles desenvolvido no correr de 2004.

Não se poderia falar da atividade coral sem citar o trabalho que a Associação de Regentes de Coros Infantis (Arci) vem desenvolvendo na Grande São Paulo. A Arci foi criada em 1990 por iniciativa da professora e regente Thelma Chan.

A Associação é formada por regentes e educadores, estudantes de música e, com frequência, tem oferecido aos regentes a possibilidade de enriquecer seus conhecimentos técnicos, por meio de workshops, palestras e cursos de curta duração, e pela divulgação de repertório coral e organização de encontros, visando ao aperfeiçoamento da qualidade de formação dos profissionais envolvidos.

Foi com a colaboração de vários regentes da Arci e de sua ex-diretora, Lilia Valente, que se pôde ter acesso ao repertório trabalhado por vários de seus coros no ano de 2004. Os regentes forneceram dados relativos ao trabalho desenvolvido em seus grupos e as informações necessárias à realização de um levantamento do repertório coral infantojuvenil da cidade de São Paulo.

A pesquisa utilizou dois tipos de coleta de dados: a) informações obtidas por contato direto com regentes de corais infantis e infantojuvenis; e b) exame de programas de concerto.[1]

Informações obtidas mediante contato direto com regentes de corais infantis e infantojuvenis

No contato com os regentes, explicou-se a cada um deles que se partia da hipótese de que a maior parte dos coros infantojuvenis dedicava-se à prática de músicas populares e étnicas[2] e a coleta tinha por objetivo verificar a veracidade da afirmação. Cada regente recebeu um questionário, no qual se soli-

---

1 Em ambos os casos, os dados colhidos referem-se ao repertório desenvolvido por eles em 2004.
2 O termo "étnica" refere-se a "um grupo social que se diferencia de outros grupos por sua especificidade cultural"; ainda: "Atualmente, a classificação etnia se estende a praticamente todas as minorias que pretendem o direito de manter um modo de ser distinto:..." (*Dicionário de Ciências Sociais*, 1987, p.435-6). Assim, música étnica, na maioria das vezes, refere-se a um tipo de música que identifica grupos, pessoas, comunidades e, muitas vezes, até um país (informação obtida com o pelo professor dr. Alberto Ikeda). Aqui, o termo música étnica substitui o de música folclórica, por ser a primeira uma expressão mais ampla do que a última, pelo fato de abranger não só músicas tradicionais de uma determinada região, mas também de diversas etnias.

citavam informações a respeito do título de cada peça trabalhada em 2004, acrescido do nome do autor, sua classificação dentro dos grupos popular, erudito e étnico, o tipo de acompanhamento utilizado em cada música, assim como informações a respeito do número de vozes dos arranjos vocais e, ainda, se, no entender dos regentes, a peça estava ou não inserida no sistema tonal. A quantidade de músicas que deveria ser fornecida não foi estabelecida.

O critério de escolha adotado foi a diversidade de grupos, estruturas e organizações, a fim de que os dados pudessem espelhar realidades diversas e, com isso, a análise não se restringisse a um tipo específico de situação sócio-econômico-cultural, mas mostrasse um leque de condições divergentes.

Foram, portanto, contatados doze regentes, responsáveis por 22 coros, o que possibilitou a análise de 259 músicas pertencentes ao repertório dos grupos regidos por eles. No entanto, como algumas músicas foram citadas mais de uma vez, descontando-se as repetições, o total de músicas é 209. Conforme as informações fornecidas, cada um dos três grandes grupos ramificou-se em diversos outros tipos secundários: popular nacional, popular internacional, popular natalino (incluindo o nacional e o internacional), popular sacro (nacional e internacional), erudito nacional, erudito internacional, erudito natalino (nacional e internacional), erudito sacro (nacional e internacional), músicas étnicas nacionais e músicas étnicas internacionais. A classificação dessas obras, segundo os regentes, está exposta na Tabela 1, a seguir:

Tabela 1 — Repertório coral indicado pelos regentes, distribuídos nos diversos tipos

Grupos	Tipo	Total	% no grupo	% no total
POPULAR 134-64,11%	NACIONAL	107	79,85	51,20
	INTERNACIONAL	15	11,19	7,18
	NATALINO	11	8,21	5,26
	SACRO	1	0,75	0,48
ÉTNICO 44-21,05%	NACIONAL	24	54,55	11,48
	INTERNACIONAL	20	45,45	9,57
ERUDITO 31-14,83%	NACIONAL	7	22,58	3,35
	INTERNACIONAL	9	29,03	4,31
	NATALINO	2	6,45	0,96
	SACRO	13	41,94	6,22

As 209 composições foram classificadas pelos regentes da seguinte forma: 134 no Grupo Popular, representando 64,11% do total de músicas citadas; 44 no grupo étnico, que corresponde a 21,05% do total; e, no erudito, 31 escolhas, representando, 14,83% do total fornecido. Na Tabela 1 demonstra-se a preferência dos coros pelo repertório popular nacional, com um porcentual expressivamente maior do que o dos outros tipos. Há 107 referências para esse tipo de música, o que representa quase a metade do total de músicas citadas, ou seja, a metade dos tipos de repertório trabalhados pelos grupos corais correspondendo a um porcentual de 79,85% no grupo popular e 51,20% do total de peças citadas pelos regentes consultados.

A segunda preferência observada é o tipo étnico nacional, com 24 peças, indicando 54,55% dentro do grupo e 11,48% do total. Em seguida, está o tipo étnico internacional, com 20 referências, correspondendo a 45,45% do total de músicas étnicas e a 9,57% do total.

Prosseguindo no exame, verifica-se que as músicas contidas no tipo popular internacional foram 15, representando 11,19% das músicas populares e 7,18% do total. O grupo erudito sacro teve 13 músicas citadas, o que representa 41,94% das músicas eruditas e 6,22% do total de músicas examinadas. Seguindo, encontram-se 11 músicas classificadas pelos regentes como pertencentes ao tipo popular natalino, o que significa 8,21% dentro das músicas populares e 5,26% do total. Continuando, verifica-se que as referências do tipo erudito internacional foram 9, correspondendo a 29,03% no grupo e a 4,31% no total. Em seguida, está o tipo erudito nacional, do qual foram citadas 7 canções, o que corresponde a 22,58% no grupo e a 2,35%, no total. As menos citadas foram as canções natalinas eruditas, com apenas 2 músicas, o que corresponde a 6,45% do grupo e a 0,96% do total; as músicas sacropopulares tiveram somente 1 citação, o que representa 0,75% do grupo e 0,48% do total.

Não se fez um estudo sobre a temática desenvolvida em cada um dos grupos, mas pôde-se identificar que, do total de músicas citadas, 10,50% são de temática infantil, todas elas pertencentes ao tipo popular nacional.

Idioma verbal

As respostas ao questionário também possibilitaram a elaboração do mapeamento de outros aspectos do repertório trabalhado nos coros, conforme o Gráfico 1, a seguir.

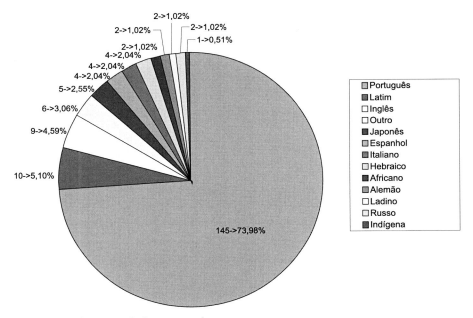

Gráfico 1 – Idiomas verbais empregados

O Gráfico 1 requer algumas explicações. Nele, não foram incluídos quatro dos grupos pesquisados, pelo fato de não terem fornecido a informação do idioma verbal utilizado nas canções trabalhadas. Outro critério adotado é que, quando houve citação de uma música cantada em idiomas diferentes, por coros diferentes, ou uma música que utiliza dois idiomas verbais, optou-se por considerá-las separadamente, sendo contadas como duas músicas distintas. É o caso de "Over the Rainbow", de H. Arlen e E. Harburg, cantada em português e inglês e considerada como duas citações. Excluindo as repetidas, o total final foi de 196 músicas em diferentes idiomas.

Do total das canções, identificam-se 145 cantadas em português, o que, em termos porcentuais, significa 73,98% do total. Em seguida, aparecem 10 canções em latim, ou seja, 5,10% do total, e 9 em inglês, o que dá um índice de 4,59%. Do total de peças, 6 fazem uso de sons onomatopaicos, nomes de notas musicais ou não têm texto, o que corresponde a 3,06% do total. Essas peças foram incluídas no item "Outro". Os demais idiomas ficaram assim distribuídos: 5 músicas em japonês, 2,55% do total; 4 em espanhol; 4 em italiano; 4 em hebraico, representando, cada um deles, 2,04% do total. Os idiomas alemão, ladino, russo e africano têm 2 citações cada um, ou seja, 1,02% do total de músicas encontradas. Por último, uma canção indígena que corresponde a 0,51% do total.

Observa-se, por essas informações, que o idioma verbal mais utilizado na prática coral entre os coros estudados é o do país, o português, que ocupa a maior parte da porção do Gráfico 1. Justifica-se a preferência por ser a língua materna e por isso não apresenta dificuldade de compreensão e dicção.

Tipo de Acompanhamento

Outro aspecto mapeado, partindo-se das informações fornecidas pelos regentes consultados, refere-se à utilização ou não de acompanhamento instrumental nos coros estudados. Esclareça-se que, na relação a seguir, foi utilizado, como critério, que músicas iguais com formas de apresentação diferentes seriam relacionadas separadamente. Com essa decisão, foram encontradas 173 obras com acompanhamento, do total de 213, representando 81% de músicas trabalhadas com acompanhamento, e apenas 40 *a cappella*,[3] o que corresponde a 19% do total.

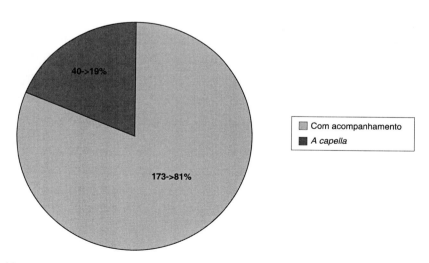

Gráfico 2 – Utilização ou não de acompanhamento

---

3 Peças cantadas sem nenhum tipo de acompanhamento.

O Gráfico 2 revela que a textura do coro *a cappella* é pouco explorada. Isso pode ocorrer por diversos fatores, como: necessidade de apoio para manter a afinação, prazer do grupo em cantar com acompanhamento instrumental, ou, talvez, proximidade com a música a que estão habituados a escutar no cotidiano.

Tipo de Acompanhamento

No estudo das respostas fornecidas pelos regentes (Gráfico 3), foram encontradas músicas acompanhadas por várias combinações instrumentais, totalizando 190 músicas com acompanhamento.

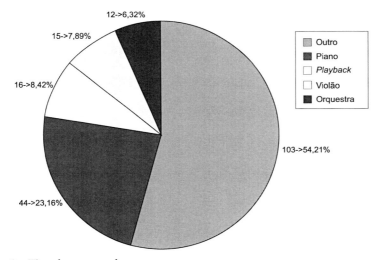

Gráfico 3 – Tipo de acompanhamento

Observa-se que a combinação mais utilizada insere-se no item "outro"[4] com 103 músicas, 54,21% do total de 190. Isso mostra uma ausência de padrão no que se refere especificamente a esse item. A escolha de instrumentos não é de ordem estética, mas prática; cada regente tem à sua disposição determinados instrumentistas, o que faz que os agrupamentos se modifiquem caso a

---

4 Considera-se "Outro" vários tipos de combinações instrumentais não contemplados no Gráfico 3.

caso. O resultado da coleta mostra que o instrumento mais utilizado é o piano, estando presente em 44 músicas, ou seja, 23,16% do total. O acompanhamento com *playback* é detectado em 16 músicas, 8,42% do total, seguido de violão com 15 músicas, 7,89% do total. O uso de acompanhamento orquestral só foi apontado em 12 músicas, 6,32% do total.

Examinando-se as informações acerca do número de vozes presente nos arranjos das músicas cantadas pelos coros (Gráfico 4), observa-se que 88 das 224 músicas são cantadas em uníssono, o que representa um porcentual de 39,29% do total. Arranjos a duas vozes aparecem em 73 músicas, 32,59% do total. Seguindo, estão os arranjos a três vozes, encontrados em 25 canções, equivalendo a 11,16% do total; os arranjos a quatro vozes, presentes em 23 canções, equivalem a 10,27% do total; por último, foram encontradas 15 canções com outro tipo de organização, representando 6,70% do total. Nesse item foram inseridos os arranjos para voz solista e coro em uníssono, solo com coro a três vozes e arranjos a cinco e seis vozes.

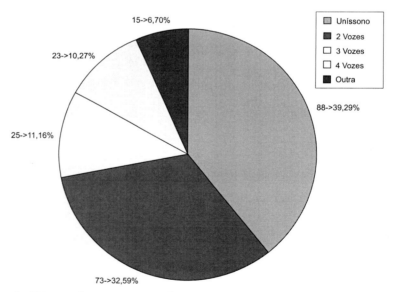

Gráfico 4 – Número de vozes nos arranjos

Assinale-se que a densidade dos arranjos varia de acordo com o número de vozes neles contidas e com seu modo de elaboração. A densidade de um arranjo a uma voz é diferente da encontrada em um arranjo a quatro vozes, por exemplo.

Sistema de organização

O exame do sistema de organização harmônico-melódica das canções mostra que, de um total de 206 obras, 177 utilizam-se do idioma tonal e 29 de idiomas não tonais.[5] Em dados porcentuais, a utilização do sistema tonal ocupa 85,92% do repertório vivenciado pelos grupos corais infantojuvenis, ao passo que outros idiomas representam 14,08% do repertório dos grupos (Gráfico 5).

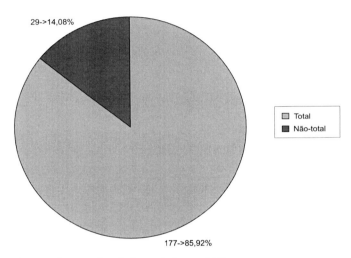

Gráfico 5 – Sistema de organização harmônico-melódica

Exame dos programas de concerto

Além do contato com regentes, uma segunda pesquisa foi realizada, tendo o objetivo de obter informações a respeito do repertório coral desenvolvido pelos grupos. Nele foram analisados 52 programas de concerto, chegando-se a um total de 270 músicas. Muitos dos programas foram fornecidos pela Arci; por esse motivo alguns nomes coincidem com os dos regentes da pesquisa anterior.

Para esta análise, os critérios de classificação dos grupos da pesquisa anterior foram mantidos a fim de que os termos da comparação pudessem ser os mesmos. A partir desses itens chegou-se ao seguinte (Tabela 2):

---

5 Fazem parte da classificação não tonal músicas modais, músicas que utilizam efeitos vocais e obras contemporâneas.

Tabela 2 – Obras dos programas de concerto, distribuídos nos diversos tipos

Grupos	Tipo	Total	% no grupo	% no total
POPULAR 177-67,41%	NACIONAL	139	76,37	51,48
	INTERNACIONAL	32	17,58	11,85
	NATALINO	8	4,40	2,96
	SACRO	3	1,65	1,11
ÉTNICO 59-23,33%	NACIONAL	25	39,68	9,26
	INTERNACIONAL	38	60,32	14,07
ERUDITO 24-9,26%	NACIONAL	7	28,00	2,59
	INTERNACIONAL	8	32,00	2,96
	NATALINO	0	0,00	0,00
	SACRO	10	40,00	3,70

Como pode ser visto na Tabela 2, das 270 músicas contidas nos programas de concerto examinados, identificam-se 177 canções populares, 59 étnicas e 24 eruditas, o que, em termos porcentuais, equivale a 67,41% para o gênero popular, 23,33% para música étnica e apenas 9,26% para o repertório de música erudita. Avançando na compreensão da Tabela 2, dentro da classificação popular nacional, as canções mais cantadas foram 139, o que corresponde a 76,37% das músicas populares apresentadas e a 51,48% do total de músicas cantadas. O segundo lugar na frequência encontrada no repertório examinado foi o de música étnica internacional, em um total de 38 escolhas, o que corresponde a 60,32% da categoria música étnica e a 14,07% do total. Em seguida, pela ordem de frequência, vem o tipo popular internacional, que apresentou 32 canções, o que corresponde a 17,58% da classificação música popular e a 11,85% do total do repertório examinado. Segue-se a música étnica nacional, com 25 escolhas, correspondentes a 39,68% do gênero étnico e a 9,26% do total de músicas do repertório estudado. Essas são as escolhas mais frequentes. Em menor escala, estão as músicas consideradas do tipo erudito sacro, com 10 canções, o que corresponde a 40% dentro do grupo erudito e a 3,70% do total; as consideradas popular natalino, com 8 escolhas, correspondem a 32% no grupo e a 2,96% do total de canções; as pertencentes ao tipo erudito nacional, com 7 músicas que, dentro do grupo, correspondem a 28% do grupo e a 2,59% do total; e, por último, o popular sacro, com 3 músicas, o que corresponde a 1,65% dentro do grupo e a 1,11% do total.

Durante a análise dos dados, pôde-se identificar que a temática infantil aparece em 15,94% no grupo popular, equivalendo a 10,74% do total e a 12% no grupo erudito, 1,11% do total, o que corresponde 11,85% do repertório estudado.

Apesar de tratar-se de programas de concerto e não de partituras, muitas das obras são conhecidas pela pesquisadora. Além desse fato, a constatação do uso ou não do sistema tonal foi feita por meio de análises de partitura ou ainda por meio de audições de registros sonoros. Essas análises possibilitaram constatar que a quase totalidade das músicas dessa coleta era baseada no sistema tonal, com poucas incursões no sistema modal. A referida amostragem não apresentou nenhuma música pertencente a outro tipo de organização.

Comparação das pesquisas

Comparando-se as duas pesquisas, algumas considerações podem ser feitas:

- nas duas coletas realizadas, as respostas dos questionários dos regentes e programas de concerto, a ordem de preferência dos grupos foi a mesma; o grupo popular em primeiro. Com 64,11% na primeira pesquisa e 67,41% na segunda. Em seguida, o grupo étnico, com 21,05% na primeira coleta e 23,33% na segunda. Por último o grupo erudito com 14,83 e 9,26%, respectivamente;
- ambas as pesquisas apontam o tipo popular nacional como o mais frequente, com níveis porcentuais bastante próximos: 51,20% nos questionários aplicados e 51,48% nos programas de concerto, revelando que mais da metade do repertório trabalhado pertence a esse grupo;
- com relação ao grupo étnico, pode-se notar que nos dados fornecidos pelos regentes a frequência maior foi das canções étnicas nacionais, com 11,48% do total, ao passo que o exame dos programas de concerto revelou que a frequência maior foi das étnicas internacionais com 14,07% do total;
- o tipo menos frequente em ambas as coletas foi o popular sacro, com 0,48% na primeira pesquisa e 1,11% na segunda;
- os resultados da coleta mostram ainda que o tipo erudito natalino não aparece em 0,96% do repertório total, equivalente a duas citações, ao passo que nos programas de concerto esse tipo não aparece;
- as músicas com tema infantil encontram-se distribuídas nos tipos popular nacional, internacional e erudito nacional e internacional nos programas de concerto, ao passo que, entre os regentes, restringiram-se ao tipo popular nacional com índices de 11,85% e 10,50%, respectivamente.

De maneira geral, o perfil de escolha de repertório entre os regentes e nos programas de concerto é igual, havendo pequenas discrepâncias, não significativas, indicando, apenas, uma flutuação, que pode ser circunstancial, mas que não afeta o perfil geral, de acentuada predominância de música popular.

Por meio das informações obtidas dos regentes e das análises das músicas contidas nos programas de concerto, pôde-se comprovar a hipótese levantada com relação à restrição do repertório utilizado nos grupos corais. Observou-se, ainda, que grande parte das obras executadas faz uso do sistema tonal, evidenciando a ausência de uma prática vocal que abarque diversas modalidades da linguagem musical, tendo, como consequência, uma vivência unilateral desta por parte dos cantores dos grupos estudados.

Discussão a respeito dos dados levantados

As análises do material colhido permitiram algumas observações.

Com relação à questão do idioma verbal, ambas as pesquisas apontam para a preferência do português. Independentemente da proximidade cultural e da familiaridade das crianças com o idioma pátrio, acredita-se que a prática do canto em diversas línguas favoreça o desenvolvimento da musculatura do aparelho fonador, uma vez que cada uma tem seu modo particular de produção sonora, fazendo que grupos musculares específicos sejam utilizados. A criança ou o jovem que passa pela experiência de cantar em várias línguas, além de seu idioma pátrio, desenvolve outros músculos além dos usualmente empregados na fala. Além disso, a percepção auditiva também é estimulada durante o processo do canto em língua estrangeira; muito do que se aprende em um idioma é adquirido por meio da audição. Um exemplo é a ausência do fonema "l" na língua japonesa. Pelo fato de os japoneses não estarem habituados à sonoridade daquele fonema, apresentam dificuldade em ouvir a diferença entre [l] e [r].[6] Outro exemplo é a própria língua portuguesa (do Brasil) que não tem algumas das vogais utilizadas pelo idioma inglês, como o [i] inglês, som intermediário entre o [i] e o [e] brasileiro. Quando a pessoa é exposta a outros idiomas a percepção auditiva habitua-se a diferentes sonoridades, o que não ocorre se a experiência se restringe a um único idioma verbal. Consequentemente, com a prática de repertório em outras línguas, a maneira de ouvir

---

6 Tive a oportunidade de conviver por dois anos com vários japoneses, homens e mulheres, e pude notar a dificuldade que tinham em ouvir e distinguir os dois fonemas.

modifica-se a cada aprendizagem, resultando em uma escuta mais apurada, mais atenta a pormenores, se comparada a uma prática restrita a um determinado idioma verbal, o que é positivo na vivência musical. O idioma estrangeiro possibilita a escuta de palavras e fonemas como música.

Doreen Rao, em seu livro *Choral Music Experience* (1987), aborda essa questão do texto na experiência coral. Diz ela que este tem a função de transportar a ideia musical "do pensamento para a expressão física". O texto, de acordo com a autora, conecta os elementos de altura e ritmo. O som das vogais e consoantes criam a *"coloração"* (relacionada à altura) e a *"articulação"* (relacionada ao ritmo). Afirma Rao que, quando se canta música coral na própria língua, pode-se experimentar tanto a "qualidade *sonora*" quanto a *"de sentido"* do texto, porque *"ouvimos* o som e *entendemos* as palavras". Diz, ainda, que o canto em língua estrangeira ou com sílabas neutras possibilita a experiência da qualidade sonora de outras línguas; além disso, cada língua tem sua própria articulação e coloração (1987, p.21). Os sons dos fonemas são diferentes de idioma para idioma, os músculos que entram em ação nas diversas línguas são igualmente diferentes. Esses e outros fatores fazem a inflexão da voz modificar-se de acordo com a língua e procurar sua coloração característica.

O compositor e educador musical Zoltán Kodály manifesta-se contrário ao uso do piano durante os ensaios dos grupos corais, argumentando que o hábito de utilizá-lo como auxíliar da afinação coral não é adequado, pelo fato de ser um instrumento temperado, o que entraria em conflito com a afinação vocal, não temperada: por esse motivo defende o canto *a cappella*, em que a afinação é conseguida pelo apoio mútuo das vozes, e não pelo uso de instrumentos de sons fixos (Kodály, apud Domonkos, 1969, p.113).[7]

Com relação à questão levantada no início dessa exposição, da linguagem musical ser ou não vivenciada de maneira ampla e abrangente, ambas as pesquisas apontam para um desequilíbrio entre a prática do repertório coral e as diferentes modalidades da linguagem musical. Os dados confirmam a hipótese de que grande parte dos coros infantojuvenis de São Paulo têm uma prática unilateral da linguagem musical, pois em seus repertórios há predominância de peças tonais, com pouquíssimos exemplos de utilização de outros tipos de sistemas de organização harmônico-melódica.

---

7 *"La gran mayoría de los maestros de canto y de los directores de coros piensan, que se canta con exactitud, si el canto se ajusta a piano. La limpidez del canto colectivo tiene su fundamento en los intervalos acústicamente justos, y no en la afinación templada... No puede cantar con justeza el que al unísono canta siempre. El canto unísono se comprende el canto a dos voces... Las dos voces se ajudan mutuamente..."* (Domonkos, 1969, p.113).

Os dados confirmam a hipótese de que grande parte dos coros infantojuvenis de São Paulo tem uma prática unilateral da linguagem musical, pois em seus repertórios há predominância de peças tonais, com pouquíssimos exemplos de utilização de outros tipos de sistemas de organização harmônico-melódica.

Essa unilateralidade da linguagem musical afasta a experiência coral infantojuvenil de procedimentos outros que não o tonal. O descompasso entre o repertório praticado nos grupos corais e a produção composicional comprometida com uma estética alternativa, desde o século XX, demonstra que não há conexão entre a prática coral e a música composta a partir daí, gerando, dessa forma, uma lacuna, um vácuo entre ambas. Olhando pelo prisma pedagógico, verifica-se que o fato se torna ainda mais grave quando se reflete a respeito de que um dos objetivos importantes do processo educacional é promover a multiplicidade de experiências, que contribuirá para a constituição do sujeito musical.

Capítulo 2
Transformações: a procura de novas experiências

Confirmada a restrição da experiência coral infantojuvenil com relação ao repertório, nos coros examinados no primeiro capítulo deste livro, parte-se, agora, para o aprofundamento da questão levantada anteriormente, ou seja, a unilateralidade da linguagem musical na prática coral. Como foi visto, os diferentes tipos e gêneros musicais não são trabalhados de forma ampla no repertório dos coros infantojuvenis de São Paulo; esse estreitamento na escolha do repertório não é condizente com um processo de educação musical, pois é função da educação oferecer oportunidade para vivências amplas e diversificadas. Assim, para que se tenha uma experiência abrangente nessa área, crianças e jovens devem ser expostos a uma imensa gama de experiências musicais, incluindo cantos em idiomas estrangeiros, ruídos, organizações não tonais e outros. A música contemporânea pode oferecer caminhos para dar aos alunos oportunidade de ampliar suas vivências musicais, tornando esse repertório, ainda pouco explorado, um importante componente de suas vivências musicais.

Uma vez estabelecida a ideia de música como linguagem, são apresentadas as mudanças mais significativas ocorridas na composição musical desde o século XX até hoje. Com isso, é possível verificar quais elementos presentes nesse repertório não comparecem à prática coral e precisariam ser introduzidos ou reafirmados. São também estudados alguns educadores musicais que incluem a música contemporânea em sua linha de trabalho, como apoio à proposta principal desta pesquisa: o estudo a respeito da inclusão da música contemporânea no repertório coral infantojuvenil.

Mudanças ocorridas na linguagem musical a partir do século XIX

Debruçamo-nos especificamente no estudo das grandes transformações ocorridas nesta linguagem, a partir do início do século XX, quando as usuais formas de uso, há muito empregadas, foram se esgotando, dando origem a diversas explorações de materiais e formas de organização, que se abriram em um amplo leque de possibilidades.

Sem a pretensão de esgotar o assunto, destacam-se aqui alguns pontos que, diante da observação das similaridades e diferenças entre os discursos tonal e pós-tonal, possam dar subsídios à argumentação em favor da inclusão da prática de música contemporânea na experiência coral infantojuvenil.

No fim do século XIX, o sistema tonal, que servia de base às produções musicais do Ocidente, começou a não mais satisfazer alguns compositores, ansiosos por renovação. Em sua forma estabelecida, esse sistema apresenta, como aspecto principal de sua estrutura, a direcionalidade harmônica, caracterizada pelo ciclo de quintas e pelo uso da sensível (7º grau da escala situado a um intervalo de semitom de sua resolução, a tônica). Como afirma o compositor Flo Menezes, para que a direcionalidade ocorra, processos de modulação e funcionalidade são utilizados. A tônica, responsável por trazer a sensação de repouso ou final de discurso ao ouvinte, necessita de outras funções, secundárias, para que seja afirmada (2002, p.37-41). A harmonia tonal, desde o momento em que passou a ser utilizada até seu declínio, no final do século XIX, representava o porto seguro dos compositores.[1]

No entanto, à medida que o discurso harmônico foi se tornando mais complexo, com introduções cada vez mais frequentes de exceções e transgressões das regras tradicionais, o sistema tonal ia, ao mesmo tempo, se desenvolvendo, explorando novas possibilidades e se enfraquecendo, pois tais mudanças contribuíam para desestabilizar a relação dominante/tônica, base do sistema. Além disso, à medida que as modulações conduziam o discurso tonal para regiões cada vez mais distantes da tonalidade fundamental, ia perdendo sua força, pela polarização de diversas tonalidades, o que tornava os repousos dúbios e imprecisos.

---

[1] A harmonia tonal se caracteriza pelas relações de tensão e repouso estabelecidas entre os acordes, em que a tônica representa o máximo de repouso e a dominante, o máximo de tensão. Dentro desse sistema de organização os acordes têm funções específicas que vão gerar graus diferentes de tensão e repouso. O leitor interessado em se aprofundar no assunto pode consultar o livro *Harmonia*, de Schoenberg, da editora Unesp, 1922.

As modulações para as chamadas tônicas mediânticas, isto é, para tonalidades situadas à distância de 3ª em relação à tônica, empregadas por muitos autores do período romântico, como Schubert, ampliaram consideravelmente as possibilidades do discurso tonal, criando efeitos até então inusitados, ao se dirigirem para as tonalidades situadas a uma distância de 3ª acima ou abaixo da tônica[2] (maior e menor) e não mais às tonalidades usualmente empregadas no discurso musical do período clássico e do início do romantismo, isto é, as situadas a uma distância de 5ª da tonalidade, ou seja, às tonalidades da subdominante e da dominante.

Estes recursos foram bastante utilizados na fase final do sistema tonal e abriram novas e instigantes possibilidades musicais, mas, ao mesmo tempo, contribuíram para a saturação do sistema, pois "a direcionalidade tonal toma tal dimensão de variação, que ameaça escapar do objetivo imposto e pressuposto de uma tônica única" (Menezes, 2002, p.54).

Outra contribuição para o enfraquecimento do discurso tonal foi a introdução de acordes alterados, que causavam dúvidas a respeito de suas funções e direcionalidade.

Mudanças relacionadas ao ritmo

Os compositores do século XX interessaram-se por pesquisas relacionadas à transcendência da regularidade métrica que caracterizava o sistema tonal. Um dos resultados dessa experiência foi a adoção da polirritmia, ou seja, o emprego simultâneo de dois ou mais padrões rítmicos que, apesar de já conhecida, se distinguia da praticada em períodos precedentes, por sua complexidade. Ao lado da polirritmia, a polimetria, execução de dois ou mais metros simultâneos, foi também bastante explorada, a ponto de a constante e contínua mudança de metro tornar-se uma das características da música do século XX. Stravinsky empregou amplamente esses recursos e foi além, ao explorar construções rítmicas aperiódicas e assimétricas. No entanto, foi Messiaen quem desenvolveu um estudo sistemático do fenômeno rítmico, entendendo-o como articulador da linguagem musical (Kröpfl, 1959, p.9).

---

[2] Tônicas mediânticas são acordes que se encontram em relações de terças (maiores e menores) com a tonalidade principal (que, por sua vez, pode ser, também, maior e menor). Modulações podem ser introduzidas a partir de notas situadas em relação mediântica com a tônica, o que pode levar a tonalidades distantes, minando o poder de polarização e erodindo, com isso, a própria ideia de uma tonalidade principal na obra (Menezes, 2002, p.13; p.41-54).

Mudanças no plano formal

No período tonal, um dos recursos amplamente explorados na composição musical foi o da variação. Esse recurso possibilitava que uma mesma ideia, linha melódica, célula rítmica, frase, sem abandonar sua estrutura básica, se mostrasse sob várias vestimentas, mantendo o interesse do ouvinte. No século XX, Debussy, Stravinsky, Varèse e Messiaen, para citar somente alguns nomes, começaram a desenvolver suas ideias musicais em um caminho diverso desse, não se baseando no recurso formal da variação, mas recombinando-as, justapondo-as e fazendo-as aparecer em diferentes combinações instrumentais. Alguns dos trabalhos de Stravinsky, ao lado dos de Messiaen, assemelham-se a "mosaicos", em que as unidades são articuladas por meio de cadências, conduzidas por critérios diferentes aos usuais no sistema tonal. Stravinsky trabalhava com os elementos musicais justapondo-os, recombinando-os de diferentes maneiras, criando mudanças texturais por meio da redisposição do registro dos instrumentos, valendo-se de re-harmonizações, ou, mesmo, introduzindo ideias novas. É também muito comum a prática de melodias extensas, repetidas, contendo pequenas alterações de altura e ritmo (Turek, 1996, p.342-9).

Mudanças na harmonia

No século XX, continuando as tendências já manifestadas no final do romantismo, os compositores buscaram outras maneiras de compor, de estruturar o discurso e de explorar outros materiais musicais.

Debussy, por exemplo, emprega a harmonia não funcional, uma harmonia que não apresenta funções harmônicas definidas, embora existam centros de polarização. Em suas composições, o aspecto timbrístico tem preponderância sobre outros e os acordes são trabalhados como texturas. Debussy busca o distanciamento da tonalidade de duas maneiras: no tempo e no espaço; no tempo – buscando recursos em elementos empregados na música do passado, como em outras culturas, escalas utilizadas no canto gregoriano, conhecido como modos eclesiásticos; e no espaço – buscando materiais usados em outras culturas como escalas modais, pentatônicas,[3] tons inteiros e outras formações escalares.

Assim como Debussy, outros compositores, Bartok, Ravel, Rimsky-Korsakov, Scriabin, Stravinsky e Messiaen fizeram uso de diferentes organizações escalares, como a escala octatônica (formadas com intervalos de meio tom e tom. Por exemplo, Mi-Fá-Sol Lab-SIb-Si-Do#-Re).

---

3 Pentatônica – escala de cinco sons, por exemplo: DÓ-RÉ-MI-SOL-LÁ-DÓ.

Outros recursos, utilizados entre os compositores foram harmonias em que as tríades eram acrescidas de intervalos de 2ª, 4ª ou 6ª à tríade, *cluster*,[4] notas pedais,[5] *ostinatos*.[6]

Procedimentos como a bitonalidade, emprego concomitante de dois centros tonais diferentes, a politonalidade, o uso simultâneo de mais de duas tonalidades, a bimodalidade, ocorrência de dois modos simultaneamente, foram empregados na música pós-tonal. Bartók, em algumas composições, combinava o uso simultâneo do conjunto de teclas pretas do piano em um dos pentagramas da partitura, contra outro, de teclas brancas, no outro pentagrama.

Esse desequilíbrio tonal conduz o discurso musical ao atonalismo e ao dodecafonismo.

Entre 1908 e 1923, Schoenberg, seguido de seus alunos Anton Webern e Alban Berg, compôs em um idioma harmônico, então chamado atonal, ou seja, sem centro tonal. O termo não tinha a aceitação de Schoenberg (1984), que, ao contrário, preferia usar o termo pantonalidade para indicar que todos os sons teriam igualdade de importância.

> Eu acho "música atonal" uma expressão muito infeliz – é o mesmo que chamar de flutuante "a arte de não cair", ou natação "a arte de não afogar". Somente na linguagem publicitária isso seria adequado para enfatizar a qualidade negativa de algo que está sendo anunciado. (Schoenberg, 1984, p.210)[7]

A técnica dodecafônica, criada por Schoenberg, usa determinada sequência de doze alturas que pode ser apresentada na ordem original (série original), em sua inversão, retrogradação, retrogradação da inversão. A ordem de aparição das alturas deve ser obedecida em todos os modos de apresentação, sendo que cada um pode ser transposto para as doze tonalidades, obtendo-se dessa maneira 48 possibilidades.

Com Anton Webern, além da altura, outros parâmetros (ritmo, intensidade, duração) passaram a ser, também, serializados. Foi a fase do serialismo

---

4 *Cluster* – (do inglês *cluster* = cacho, ramalhete). Bloco sonoro que resulta da emissão simultânea de segundas maiores ou menores, ou ainda de microtons sobrepostos (Koellreutter, 1990, p.27).

5 Pedal – uma nota sustentada ou repetida, geralmente no registro grave, acima ou em torno da qual movimentam-se outras partes. (*Dicionário Grove de música*, 1988, p.708).

6 Ostinato – figuras rítmicas ou melódicas que se repetem.

7 Tradução da pesquisadora. "*I find above all that the expresion 'atonal music', is most unfortunate – it is on a par with calling flying 'the art of not falling', or swimming 'the art of not drowning'. Only in the language of publicity is it thought adequate to emphasize in this way a negative quality of whatever is being advertised*" (1984, p.210).

integral, ou multisserialismo. O único elemento impossível de ser serializado foi o timbre. Menezes justifica o fato afirmando que o timbre não é um parâmetro do som, mas a combinação de todos os parâmetros sonoros, e, por esse motivo, impossível de ser controlado (2003, p.94-5).

Outras mudanças

No período entre a Primeira e a Segunda Guerras Mundiais crescia, entre os compositores, a preocupação em ampliar os meios sonoros disponíveis e revelar zonas ainda inexploradas. As experiências de Edgar Varèse e John Cage com sons de altura indeterminada deixaram nebulosas as fronteiras entre som e ruído (Kröpfl, 1959, p10).

Varèse trabalhou no alargamento do timbre e da extensão dos instrumentos tradicionais. Ele entendia os acordes como conglomerados sonoros e os utilizava por seu valor qualitativo e não funcional, ou seja, os acordes eram elaborados e adotados partindo de sua qualidade sonora (1959, p.10).

John Cage concentrou sua pesquisa na obtenção de sonoridades até então desconhecidas e na modificação das condições de ressonância dos instrumentos tradicionais. Em suas peças para piano preparado, utilizou o instrumento de maneira que produzisse sons semelhantes aos de percussão, colocando parafusos, pinos e elásticos entre as cordas do piano, ampliando a paleta de timbres desse instrumento (1959, p.10). O silêncio foi introduzido em suas obras como elemento composicional. Cage foi um dos líderes do movimento aleatório, no qual a indeterminação é o elemento principal de elaboração de trabalho.

Indeterminação é o ato de criar elementos na composição musical por meio de procedimentos de acaso. A música composta dessa forma foi usualmente chamada de aleatória[8] (do latim, *alea*, que significa dado). A indeterminação pode:

- ser elaborada com cada um dos elementos da música, selecionados ao acaso, para compor a estrutura da composição. Podem ser eleitos, por exemplo, o aspecto rítmico, a altura ou a ordem dos eventos;
- ser parcial (apenas em uma parte da composição) ou total; e
- ocorrer na composição ou na performance. Quando se dá na composição, os procedimentos de acaso são utilizados em sua elaboração. Isso quer dizer que, uma vez concluída, a performance será sempre a mesma.

---

8 Aleatório – dependente de fatores incertos, sujeitos ao acaso. Estruturação musical de caráter estatístico (Koellreutter, 1990, p.13).

Quando o compositor pede elementos de acaso ao intérprete, a indeterminação ocorrerá durante a performance, a partir de determinadas opções que o próprio compositor fornece.

No aspecto textural-instrumental, novos sons surgiram aliados a novas maneiras de executá-los ao instrumento. Henry Cowell expandiu as técnicas pianísticas, utilizando *clusters* produzidos com pulsos, antebraços, palma da mão ou, ainda, nas cordas do instrumento. Outros compositores, como Witold Lutoslawski, György Ligeti e Krzysztof Penderechki, interessaram-se pela dimensão textural de suas peças no plano orquestral, ao passo que George Crumb combinava instrumento e voz de maneira não usual.

Em muitos desses casos, novas maneiras de grafar os sons surgiram, pois a notação tradicional não era capaz de abrigá-los.

De acordo com Fubini, a verdadeira revolução veio com as músicas eletrônica e concreta, nas quais a grande conquista foi a possibilidade de o próprio compositor modelar o som conforme seu desejo ou necessidade (1987, p.341).

A *música concreta*, desenvolvida em Paris por Pierre Schaeffer a partir de 1948, consistia na montagem de fenômenos acústicos preexistentes, ou seja, sons reais, o concreto sonoro, como: sons de sinos, ruídos de trem, fragmentos da fala humana, vozes de animais, sons de instrumentos. Esses sons eram gravados com o auxílio do microfone e, posteriormente, manipulados por filtros e câmaras de eco, de modo que modificasse sua altura, seu ataque, ou sua sustentação. O som, então, passou a ser visto como objeto sonoro, organizado de acordo com o plano do compositor.

Na Rádio de Colônia, Alemanha, Herbert Eimert criou, em 1951, o primeiro estúdio de música eletrônica. Em 1953, Stockhausen se incorporou ao Estúdio de Música Eletrônica de Colônia, iniciando uma metódica investigação dos novos materiais, os sons senoidais. Stockhausen introduziu a estereofonia como fator estrutural de composição em sua peça "Cântico dos adolescentes" (1955).

O material básico da música eletrônica era a senóide,[9] isto é, um som sem parciais. Os sons produzidos eletronicamente eram gravados diretamente em um gerador de som, sem serem mediados por microfone. Os instrumentos do

---

9 "A onda sonora mais simples de que se tem notícia é conhecida pela matemática como curva (ou onda) senoidal e representa o tipo mais simples de vibração: o chamado movimento harmônico simples. Por isso, dizemos que se trata de um som senoidal. Seu nome deriva de sua representação gráfica: se projetarmos o seno desta onda no tempo, em intervalos absolutamente regulares, vemos que tal onda reproduz um movimento de total homogeneidade e continuidade, em progressão contínua, totalmente periódica e regular, em que a projeção no tempo de um giro completo de 360° resulta num ciclo da onda" (Menezes, 2003, p.22).

compositor eram os geradores de frequência e os osciladores, que permitiam gerar os sons senoidais que serviam de base à composição. Dessa maneira, o compositor criava o próprio som. Nesse tipo de música, os atos do compositor e do intérprete se fundem.

As duas vertentes, francesa e alemã, isto é, a que lidava com a música concreta e a que trabalhava com música eletrônica deram origem à música eletroacústica, que utiliza o concreto sonoro e sons eletrônicos simultaneamente.

Os processos eletroacústicos contribuíram para o conhecimento da natureza do som, os meios de produzi-lo e reproduzi-lo, "redimensionando o som no espaço acústico" (Menezes, 1998, p.22) e criando novos procedimentos para ampliá-lo e transmiti-lo, provocando, enfim, uma nova relação com o fenômeno sonoro (Kröpfl, 1959, p.11).

Na voz

Depois de se ter pincelado algumas das mudanças ocorridas na linguagem musical, acredita-se ser importante abrir um item específico para a voz. Este segmento foi baseado no livro *Exploring Twentieth — Century Vocal Music*, de Sharon Mabry (2002), que escreveu a respeito dos novos empregos da voz na música do século XX, afirmando que as mudanças timbrísticas solicitadas pelos compositores resultaram em emissões vocais específicas, que conduziram a uma resposta dramática e emocional diferente da dos períodos anteriores.

A cantora Mabry faz um panorama dos diversos tipos de técnicas e efeitos vocais empregados pelos compositores e fornece detalhes técnicos de como produzir vocalmente cada um deles, acompanhados de exercícios vocais específicos para quem deseja praticar esse tipo de música.

Como visão geral, pode-se dizer que alguns compositores do século XX continuaram a usar a voz de maneira semelhante à prática do período anterior, seguindo a técnica do *bel-canto*, que dá ênfase ao brilho da produção vocal, ou, ainda, a preferência por vozes potentes, comum ao século XIX e ainda presente na composição desses compositores, ao passo que outros utilizaram o sistema harmônico tonal, mas explorando a voz de modo a criar timbres diferentes, fazendo, com isso, o contexto modificar-se; outros, ainda, fizeram uso de conceitos matemáticos, criaram notações capazes de dar conta dos novos sons solicitados em suas composições que também necessitavam para sua produção de técnicas vocais específicas. Foi comum, também, que compositores desse período passassem a empregar, com frequência, o Alfabeto Internacional de Fonética.

No que se refere à organização das linhas a serem cantadas, algumas características se tornam evidentes: a extensão vocal foi ampliada, as linhas melódicas assumiram, por vezes, características angulares, saltando subitamente para o agudo e para o grave, as dissonâncias mostraram-se mais ásperas do que no período anterior; além disso, nem sempre o acompanhamento instrumental fornecia suporte para o cantor, a fim de facilitar-lhe a localização das alturas. Por vezes, a linha melódica era realizada aleatoriamente, ao passo que, em outras, baseava-se em alturas indeterminadas, fornecendo mais liberdade ao intérprete do que no repertório praticado até o século XIX. A indeterminação podia ser total, envolvendo altura, duração e organização melódica; ou parcial, destacando apenas um dos parâmetros do som, como a altura, por exemplo. O repertório desse período, portanto, no dizer de Mabry (2002), passa a ser um *"ear stretching"*.[10] Na música desse período, os registros *voz de peito* e *voz de cabeça* passaram a ser frequentes nas composições, muitas vezes com combinação de ambos, assim como o uso do *vibrato*, não mais constante nesse tipo de música, como no *bel-canto*. Os compositores do século XX exploraram o canto sem *vibrato*, utilizaram efeitos vocais, como risos, assobios, sussurros, choro, grito, estalos de língua, suspiros, assobios, respiração forte e trilos, entre outros.

Além disso, utilizavam os textos, ressaltando, às vezes, seu sentido literário e, em outras, explorando-o como textura e sonoridade. Muitas vezes, eram entrecortados por pausas, silêncios, ou interpolados por palavras que não constavam do original.

Algumas das emissões vocais e técnicas empregadas na música vocal contemporânea

A técnica do *Sprechgesang* foi desenvolvida em particular por Arnold Schoenberg. Mabry (2002) diz que, segundo explicações do compositor, a altura é atingida e depois abandonada por meio de *glissandos* em movimento ascendente ou descendente, em direção à altura seguinte. O *glissando*, segundo ela, serve apenas para conectar as alturas, como em um *legato*. Nessa técnica, o *vibrato* não é empregado, a fim de que a emissão vocal se aproxime à da fala e o sentido literário do texto tenha destaque, por ser considerado importante.

---

10 A expressão tem sentido semelhante à *body stretching*, empregada para exercícios de alongamento muscular, que tornam o corpo flexível.

Mabry acrescenta que, na técnica do *Sprechgesang*, o espaço da boca deve ser ligeiramente menor do que o usado para o canto, a fim de manter semelhança com o espaço usado na fala, com o cuidado de manter a flexibilidade necessária para emitir as alturas desejadas. A autora diz, ainda, que o cantor pode fazer uso dos registros de peito e de cabeça (p.77-81).

A *Recitação ou Fala Entoada* foi outro recurso usado pelos compositores. O termo "entoada", afirma a cantora, tem sido usado em referência ao tipo de vocalização utilizado no canto gregoriano e em outros tipos de cantos religiosos. Tornou-se sinônimo de produção vocal meio cantada, meio falada, em monotom e sem *vibrato*. Mabry relembra que a fala ou recitação entoada não surgiu com a música do século XX, porém os compositores atuais descobriram outras maneiras de abordá-la. Vários tipos de notação foram empregados para grafar esse tipo de emissão. Um deles faz uso de apenas uma linha, com as notas colocadas acima e abaixo dela, acompanhadas de texto. As alturas são entoadas aproximadamente de acordo com a distância em que as notas se encontram da linha. Mabry explica que o intérprete deve pensar na região mais aguda da voz falada e na mais grave da voz de cabeça, para localizar a região da fala entoada e deverá entoá-la no âmbito de uma terça maior. A indicação da cantora é que, para vozes femininas, essa região se localiza entre o DÓ 3 e o LÁ 2, exceto se a voz for muito aguda (p.96-7).

Mabry (p.123) refere-se ao termo *Efeitos Vocais* para qualquer uso não padronizado da voz cantada. Em geral, são sons derivados da fala, sons vocais de inspirados na música étnica, sons artificialmente produzidos, sons da natureza e outros.

Mabry destaca o *riso* que, segundo ela, deve ser articulado de modo semelhante a um ataque em uma altura definida ou aproximada, com pressão no diafragma, sem raspar ou tensionar a garganta. Se os músculos da garganta forem envolvidos de forma excessiva no riso, a voz torna-se rouca, podendo causar fadiga vocal. O riso deve ser projetado nas mesmas cavidades de ressonância do canto. O fonema [h] utilizado no ataque para expelir o ar ajuda a não provocar tensões na garganta, e a mantê-la aberta.

Segundo a autora, se houver indicação do compositor para realizar uma risada com ar, não se deve pensar em projetar a voz de peito em região aguda, mas, antes, em uma altura grave dentro da região da voz de peito, ou, então, usar a voz de cabeça com mais pressão do diafragma para cada ataque. O riso pode ser modificado arredondando-se ligeiramente os lábios (p.125-7).

O *sussuro* é muito adotado em diversas partituras do século XX. É um som que não utiliza a vibração das pregas vocais, um som surdo, portanto. No entanto, alguns compositores adicionam a esse efeito indicações de duração, volume e alturas.

A projeção do sussurro complica-se se ele for acompanhado por outros instrumentos e em espaços acusticamente não adequados. Alguns compositores indicam o uso de microfone para longas sessões de sussurros.

Durante o sussurro, a garganta mantém-se aberta e relaxada como no canto e na fala; ao ser produzido, o sussurro deve ser projetado para a frente, evitando-se o raspamento gutural da parte de trás da língua. O sussurro realizado na região de trás da garganta ou da boca favorece o rápido ressecamento dos tecidos, causando uma sensação arenosa e podendo provocar tosse. A respiração deve ser diafragmática, e apoiada, como no canto. A falta de atividade do diafragma provocará a contração dos músculos do peito e da garganta.

O ataque de cada palavra ou sílaba no sussurro deve ser pensado da mesma maneira que no canto. Os ciclos da respiração, no entanto, serão mais frequentes pois o ar escapa mais rapidamente.

A produção do sussurro requer projeção e articulação das consoantes, pois são as consoantes que deixam claro o acento silábico e fornecem o sentido do texto. A dinâmica deve ser mantida em *mf* ou *f*, exceto se o murmúrio for o efeito procurado (p.127-9).

O *grito* é uma emissão vocal que causa desconforto aos cantores, pelo medo de danificar a voz e Mabry afirma que isso, realmente, pode acontecer, caso não sejam tomados os devidos cuidados. Ela alerta para que a voz de peito não seja usada em regiões muito agudas, em especial em vozes femininas. Se o compositor pede para realizar o grito em uma altura acima da fala normal, a indicação da cantora é a de utilizar a voz de cabeça focando-a na frente. O ataque de cada sílaba, de cada palavra deve ser realizado com o apoio do diafragma, evitando tensão da garganta e do peito. Toda a atividade deve ser concentrada no diafragma, mantendo-se o queixo solto e relaxado, sem exagerar a abertura do maxilar. A cantora alerta para a necessidade de se abordar o grito com todos os cuidados possíveis, lançado mão de todos os conceitos de saúde vocal disponíveis ao cantor (p.129-31).

Outro recurso, destacado por Mabry é a *inspiração e expiração audível*. Segundo ela, durante a respiração audível é importante não raspar a garganta por um longo período, pois isso resseca as superfícies da boca e da garganta e pode levar à fadiga vocal. O ar, enquanto é expelido, deve ser sentido na região do palato mole e atrás da língua. Pensar na vogal [a] ajuda a manter um som sem tensão. Pode-se variá-lo, tornando-o mais escuro, arredondando os lábios, como na forma das vogais [u] ou [o]. Outra variação pode ser criada pensando-se na vogal [i], e deixando a parte do meio da língua levemente levantada em direção ao palato duro. O efeito é o de uma exalação sinistra. Outras variações podem ser criadas pela manipulação dos lábios e da língua (p.131-2).

Diz Mabry que o *glissando* é o efeito vocal mais adotado pelos compositores e não deve ser confundido com o *portamento*. Portamento é um deslize rápido e controlado entre duas alturas. É executado no final da duração da primeira altura, logo antes de se atacar a segunda. O *glissando*, ao contrário, é um movimento lento, que desliza entre duas alturas com a intenção de passar por todos os sons existentes entre elas e pode permanecer soando por um longo espaço de tempo. Outra diferença, diz a autora, é que o *portamento* usa *vibrato* e o *glissando* não. É importante que o deslizamento seja feito ininterruptamente, até atingir o alvo final, sem paradas ou reataques. Além disso, o *glissando* é um efeito delicado e não deve ser realizado em volumes extremos. A ressonância natural da voz deve ser mantida, mesmo em intensidades fortes. O *glissando* é frequentemente usado com finalidades vocais e pedagógicas e é muito útil quando se quer misturar os registros de cabeça e peito, por exemplo (p.135-6).

O recurso vocal conhecido como *Estalo de língua* é um estalido agudo, realizado com a parte de trás da língua, tocando o palato mole ou os dentes. Esse som, percussivo, varia de timbre dependendo de onde é produzido – no centro do céu da boca, próximo ao palato mole (na região em que o [ng] do inglês é produzido), ou na parte dura da gengiva, logo acima dos dentes posteriores.

Segundo Mabry, há uma diferença entre esse som, denominado *tongue click*, e outro, que recebe o nome de *tongue cluck*. Este último refere-se ao arremesso rápido da ponta da língua contra o palato duro ou a parte alta dos dentes no palato duro. É a mesma região usada para produzir os fonemas [d], [t], [l] e [n]. Após tocar esta região, a língua desce rapidamente para a base dos dentes inferiores.

Em qualquer uma das duas articulações, o timbre do som pode ser manipulado pelo formato dos lábios em [i], [o], ou [u] (p.136).

O *trilo de língua*, embora utilizado como efeito vocal na música do século XX, sempre esteve presente em idiomas de alguns países, e em sons ritualísticos presentes em cantos étnicos. Além disso, é usado pedagogicamente no ensino da pronúncia das línguas italiana, francesa e alemã. A diferença entre essas produções e sua utilização na música contemporânea é que, nesta última, o trilo é empregado por seu aspecto timbrístico, o que não sucede em seu emprego na língua falada.

É um som vigoroso que requer flexibilidade e relaxamento da língua, a fim de que possa ser mantido por longo tempo. Mabry afirma que é de grande valia articular um [t] no início do trilo, para que o contato com o palato duro, região em que ocorre o trilo, possa ser estabelecido. A respiração rápida e enérgica ajudará a impelir a língua à ação do trilo. A respiração com mais ou menos pressão será aplicada para aumentar e diminuir o volume, mantendo-se sempre a língua solta e relaxada. O apoio do diafragma deve ser mantido, pois a pressão excessiva da língua na superfície dos dentes causará sua tensão fazendo o trilo ser interrompido (p.137-8).

Muitos desses efeitos são familiares e fazem parte do cotidiano da sociedade moderna e foram muito frequentes na música renascentista. Os trabalhos de Clement Janequin, *La guerre*[11] (ou a *Batalha de Marignan*) e *Le chant des oyseaux*[12] são exemplos do uso renascentista de sons onomatopaicos, trilos de língua e repetições de consoantes ou sílabas, para produzir os efeitos pretendidos pelo compositor. A música do século XX ampliou esses recursos, manipulou-os em seu aspecto timbrístico, utilizou sons inusitados como elementos de composição, anteriormente não considerados musicais. O estudo do fenômeno sonoro conduziu a uma concepção ampliada do uso da voz, fazendo a técnica vocal explorar as diferentes maneiras de emissão pedidas pelos compositores.

Considerações

O reconhecimento desses elementos na utilização da voz conduz a uma reflexão acerca da importância de sua presença nas propostas pedagógicas que envolvem o uso da voz cantada.

Reflexos da estética contemporânea na educação musical

Diante das várias mudanças ocorridas na linguagem musical desde o século XX, apontadas no segmento anterior, e inserida esta pesquisa na área de educação musical, pergunta-se se haveria, também, mudanças na pedagogia da música.

Durante a primeira metade do século XX, vários educadores musicais valorizaram a participação ativa das crianças nas aulas de música. Nessa mesma época, a linguagem musical passava por transformações em vários aspectos, como foi visto anteriormente. No entanto, esses educadores utilizavam predominantemente a música tonal ou étnica para desenvolver suas propostas, concentrando-se muito mais na proposta pedagógica do que na transformação da linguagem musical. Foi preciso avançar mais alguns anos para que educadores e compositores se preocupassem com o fato de a música "contemporânea",

---

11 Alguns dos fonemas utilizados são: frian, frian, tar, tar, frian, frian, tu, tu.
12 Alguns dos fonemas empregados são: oi ti oi ti, huyt huyt, ter, ter, ter, teo, teo, tar,tar, trr etc.

incluindo a vertente eletroacústica, estar excluída da experiência sonora da criança. Foram vários os compositores-educadores que seguiram por essa senda, buscando aproximar a criança da linguagem da música do século XX, entre eles: George Self, John Paynter, Murray Schafer e Hans-Joachin Koellreutter, para citar os mais conhecidos. Três dessas personalidades são destacadas neste espaço: Guy Reibel, John Paynter e Murray Schafer pelo fato de incentivarem a criação musical e a prática de princípios comuns à música contemporânea.

Guy Reibel

O primeiro educador a ser destacado é Reibel (1984), a princípio aluno e, depois, professor de composição eletroacústica e pesquisa musical no Groupe de Recherche Musicale (GRM), em Paris, França. A atividade de professor fez que se aprofundasse na pedagogia da criação, concentrando-se especialmente em um tipo de abordagem que abrange as pesquisas eletroacústicas.

O compositor iniciou suas experiências partindo do estudo do fenômeno musical vivido na sociedade moderna, observando que ele se manifesta da seguinte maneira:

A – na música contemporânea;
B – no repertório tradicional;
C – no jazz, na música popular e no rock, assim como em outras manifestações semelhantes, às quais Reibel chama de música viva e instintiva;
D – na música eletroacústica;
E – na música submetida às leis de consumo;
F – na música veiculada pelos meios de comunicação - trilhas sonoras, jingles, TV, rádio (p.11).

O estudo dessas várias manifestações o fez chegar à conclusão de que umas não se relacionam com as outras e existe uma ruptura entre a música contemporânea e as outras manifestações musicais.

Reibel lançou, então, a hipótese de que essa ruptura se devia a uma falha de comunicação entre a música contemporânea e o público, apoiando-se na ideia de que, para haver comunicação entre o que é expresso e o que é fruído, faz-se necessária a existência de um código comum. Só com o conhecimento prévio desse código por ambas as partes é que a expressão ganhará sentido. É essa constatação que leva o compositor a afirmar que a música contemporânea necessita de "chaves de escuta", para que seja percebida e entendida pelo ouvinte ou pelo intérprete.

Ele afirma que mais importante do que a transformação da linguagem musical é a mudança de atitude que esse fato causou, pois acredita que a maneira de escutar já não seja a mesma de tempos anteriores. Diz ele que, atualmente, há uma nova consciência a respeito do fenômeno sonoro, que se reflete na preocupação dos compositores com o som em si mesmo, considerado, a um só tempo, matéria e forma. "Mais importante do que a mudança de linguagem, é a mudança de *atitude* que surge ... Escutamos bastante e de outra maneira" (Reibel, 1984 p.18).

Ao tentar encontrar a resposta para a causa dessa ruptura, Reibel notou que as músicas dos compositores não correspondiam mais à demanda do público, e, portanto, a "música como fenômeno de comunicação" (p.13) deveria ser procurada em outro lugar, ou de outra maneira, pois o modelo tradicional ocidental, que inter-relaciona compositor e ouvinte, já não era mais válido.

Outra observação feita por Reibel é que as várias áreas de atuação musical, como o ensino, a composição e a regência, em geral, não estabelecem relações entre si. E conclui dizendo que setores como os do ensino e da criação não podem se desenvolver separadamente, pois um necessita do outro; além disso, alerta para o fato de que o ensino deveria ficar atento às novas correntes e fazer surgir um campo de experiências, não se prendendo a modelos fixos.

O ensino musical, diz ele, valoriza muito a linguagem e as obras do passado e pouco a criação, restringindo-se, na maior parte das vezes, à linguagem escrita. O autor incita, ainda, os compositores a refletir sobre essas questões, ou seja, a averiguar qual o estado em que se encontra a música hoje, e como se dá sua escuta prática e comunicação (p.14).

Em seu estudo, Reibel traz à discussão experiências musicais extraeuropeias, observando que nelas a música é antes uma prática, na qual os indivíduos se espelham nos modelos de suas próprias culturas, para se expressarem. Comparando essas experiências com as da sociedade ocidental, observa que, nesta, o aprendizado tem cunho cognitivo e antecede a prática. Afirma ser "extremamente perigoso deixar a criação se distanciar cada vez mais do público (especialmente dos jovens) e tornar-se, de algum modo, marginalizada do conjunto de atividades musicais" (1984, p.13).

Ele traz ao debate a questão da constituição do conhecimento, apoiando-se na explicação de Marcel Jousse, *Anthropologie du geste* (apud Reibel, 1984, p.19), na qual afirma que qualquer fenômeno, para ser assimilado, deve ser vivido pelo *gesto*, capaz de captar fisicamente a experiência. Citando Jousse, Reibel explica que só serão realmente apreendidos os fenômenos vivenciados por meio do jogo, termo que pode ser traduzido como prática, no contexto dado por ele, da mesma maneira que a aprendizagem da fala precede à da escrita.

O que Reibel propõe, então, é usar um corpo sonoro ou a voz e "se entregar" a uma atividade de *invenção musical*, que associa o gesto ao pensamento.

> O gesto, assim como o impulso mental que o guia, é sempre inédito, pessoal, e reflete a maneira de o sujeito estar no mundo. Ele conduz à tomada de consciência de si mesmo, exprimindo um mundo de formas, que são o reflexo simbólico de nossa percepção do ambiente. (1984, p.20)

Pelo jogo criador, outro lado da música é trazido à experiência, diferentemente da obtida pela execução de escalas e ritmos da música tradicional. Reibel compara a experiência dos jogos com a "palavra" diante da escrita, a qual exprime os valores do sistema e esconde a parte "viva" da língua falada (p.20).

> No momento em que a língua música se perde para tentar se recriar de outra maneira, a partir de outros princípios, o jogo permite que a música seja "falada", não somente pelos compositores, mas por um grande público de amadores e crianças, frequentemente, a parcela mais criativa; talvez possa emergir, dessa abordagem, a consciência de novos princípios, de novos sistemas que permitam "escrever" de novo a música. (1984, p.20)

Diante da constatação de ruptura, existente entre a música contemporânea e as outras manifestações anteriormente citadas, Reibel levanta a hipótese de que as crises do ensino e da criação estariam relacionadas, atribuindo a dificuldade de os compositores terem sua música aceita pelo público, não a uma crise de linguagem, mas a um bloqueio de comunicação. Dessa maneira, tenta unir pedagogia e criação, acreditando ser esse o caminho para a aproximação entre o público e a música contemporânea.

A outra hipótese do autor é que, se a música de hoje superasse a questão da in-comunicação, poderia ser capaz de conduzir uma consistente renovação do ensino musical, por estar apoiada em princípios esteticamente válidos e inovadores.

Acredita Reibel que a música contemporânea é um campo favorável para práticas criativas de grande interesse para amadores e crianças, pois pode ser abordada sem que o conhecimento técnico seja obrigatório por parte dos praticantes. A base da pedagogia conduzida por esse autor é o jogo. A intenção de sua proposta não é o aprendizado de teorias abstratas, mas a formação crítica e pessoal do indivíduo em relação à música, a partir da invenção e da escuta, de tal forma que seja possível "descrever" a percepção sem empregar noções teóricas.

O jogo apresenta sequências; as sequências constituem os materiais vivos que podem ser retrabalhados em experiências posteriores, mais complexas. Dessa forma, o trabalho de invenção, de caráter e espontâneo, é aliado ao trabalho posterior de escrita de caráter, analítico, constituindo-se um diálogo constante entre ambos (1984, p.26).

Segundo a proposta rebeliana, em um contexto coral a voz seria tratada de diversas maneiras, em estouros de palavras, grupos rítmicos, acordes livres, superposições. Reibel trabalha a iniciativa individual antes de torná-la grupal. O objetivo não é a fusão das vozes, mas tratar cada voz como única e independente no grupo. Dessa forma, pretende que o cantor perca a sensação de segurança e "reconforto" adquirida no apoio das outras vozes, para entrar em outra, a de viver a própria "aventura" (1984, p.28). Paralelamente a esse tratamento, a imagem do regente como autoridade diante de um grupo submisso também é substituída por outra, em que o líder incentiva a ação individual, suscitando, canalizando, modulando e relacionando as intervenções de cada participante no trabalho coletivo, um líder que escuta e joga com os participantes para organizar e "tornar inteligível" a proposta do grupo (p.28). Esses princípios foram praticados por Reibel e companheiros de pesquisa em vários grupos vocais e o que foi observado é que, em virtude da mudança de atitude no tipo de liderança, um novo gestual foi criado, complementando e ampliando o já tradicionalmente utilizado. Em todas as propostas, o principal objetivo foi a participação individual no interior de uma ação coletiva, para a elaboração da expressão sonora, a qual, depois de terminada, era comentada e analisada. Os participantes eram expostos a várias situações, todas elas relacionadas à música contemporânea e eletroacústica, e incentivados a participar ativa e criativamente, contribuindo para a execução das propostas com sua própria expressão sonora. Reibel acredita que a partir dessa vivência intensa, o novo código da música contemporânea vai sendo incorporado às experiências individuais e grupais.

John Paynter

A primeira coisa que chama atenção no discurso de Paynter está na "Abertura" de seu livro *Oir, Aqui y Ahora*, quando diz que ele é dirigido a pessoas sem formação musical e a professores de outras disciplinas, como artes visuais, dança e teatro (1972, p.9). Com essa afirmação, Paynter defende a ideia de que a música é acessível a todos os que desejarem dela se aproximar, além de mostrar seus possíveis vínculos com outras disciplinas.

Paynter reconhece a música como possuidora de elementos básicos, matérias-primas (os sons) que podem ser moldadas e transformadas em ideias musicais (linguagem), mesmo que não se tenha grande conhecimento específico da área (p.8). Portanto, em seu entender, a música é, primordialmente, expressão sonora e pode ser acessível a um grande número de pessoas, pois todos são potencialmente aptos ao fazer musical.

Paynter não vê a música como fruto do domínio de um código preestabelecido, e sim como realidade viva e, portanto, dinâmica e mutável. A música, segundo ele, é som, antes de ser notação musical, e ele a concebe como ato criador, ou seja, em sua proposta, o aluno é incentivado a se expressar sonoramente, criando sua própria música (p.9-10).

Sua visão de música vai além da execução vocal ou instrumental. Paynter (1972), da mesma maneira que Reibel (1984), não nega a necessidade do conhecimento técnico, mas defende que o aluno primeiro passe pela experiência de fazer música, para, só depois, lidar com o código escrito, ou com informações técnicas. Seu objetivo não é formar especialistas em artes, mas educar a sensibilidade. No contexto de suas ideias, a sensibilidade não seria algo a ser ensinado, mas a ser explorado, para que emergisse espontaneamente do interior de cada um (1972, p.10). Para isso, define como seu primeiro objetivo abrir os ouvidos dos alunos, o que será alcançado pela exploração dos sons, de uma forma que se aproxima dos trabalhos dos compositores atuais de música contemporânea.

A procura por novas possibilidades é uma característica da sociedade do século XX e a educação não está alheia a essa atitude. O autor que estamos estudando considera que a música do século XX, ao ampliar os recursos musicais, por ele tidos como simples, favorece a prática musical e não os músicos (p.13).

Assim, Paynter, não vê a música contemporânea como ruptura em relação à produção tradicional, mas, sim, como consequência de seu movimento "constante" e "natural crescimento" (p.12). Segundo ele, como em Reibel (1984), a educação e a arte de vanguarda devem andar juntas; com esta afirmação, ele torna visível sua concepção de educação musical, entendendo ser um dever do professor de música fazer essa aproximação (1972, p.13). Nesse contexto, acredita que essa arte adquire significado novo e amplo, à medida que o universo do compositor contemporâneo entre para a sala de aula.

Um dos problemas que esse autor detecta é a dificuldade de os alunos aceitarem a música contemporânea, considerando que essa atitude de rejeição reside no fato de existirem diversas e diferentes manifestações de expressão musical, sendo mais fácil encontrar estabilidade e equilíbrio no que já é conhecido, do que no que se apresenta como novo. A música do presente expressa ideias da realidade do tempo atual e isso pode ser incômodo para alguns, diz ele, pois sua forma de comunicar é diferente da tradicionalmente conhecida. Os procedimentos musicais nela usados, continua, é igualmente adequado à sociedade moderna e, portanto, distinto do repertório tradicional, pois é o reflexo do relacionamento mantido entre o compositor e a sociedade. Cada época e cada sociedade têm sua própria maneira de falar, de viver, de escrever e de se expressar artisticamente. Na visão de Paynter, muitas das dificuldades de compreender a nova música podem ser resolvidas com o trabalho de criação musical (p.13-4).

Com o trabalho de exploração de materiais sonoros e suas formas de organização, Paynter sugere a audição de obras de compositores do século XX que, em suas explorações, ao descobrirem novas sonoridades, muitas vezes sentiram necessidade de criar diferentes maneiras de grafá-las, surgindo, dessa maneira, uma notação diferente da utilizada na música tradicional. A notação da música contemporânea, no pensamento de Paynter, é um fator que favorece a aproximação com a música. Ele considera que a grafia utilizada pelos compositores contemporâneos contribui para eliminar a barreira técnica existente na leitura da música tradicional, favorecendo a formação de vínculos entre a produção musical experimental e o praticante de música, pois não utiliza códigos convencionais. A notação seria, pois, outro terreno a ser explorado em sala de aula, voltado, tanto ao registro das criações e expressões sonoras dos alunos e do grupo quanto à execução de obras de compositores.

Murray Schafer

Do mesmo modo que os educadores precedentes, Schafer questiona os currículos escolares, alertando para o fato de que a aula de música não promove a "expressão individual" (1991, p.279), querendo com isso ressaltar a importância da criação musical no trabalho com o educando. Nesse sentido, Schafer compartilha as ideias de Reibel (1984) e Paynter (1992), procurando, na invenção, meios de desenvolver o potencial criativo do aluno para que este possa se expressar sonoramente, ampliando suas experiências nesse campo e desenvolvendo uma atitude crítica em relação a elas.

Segundo Schafer (1991), o apuro da percepção auditiva é essencial para um bom desenvolvimento musical e tem precedência sobre qualquer tipo de ensino técnico, o que coincide com a opinião de Paynter (1972) e Reibel (1984). Schafer (1991) defende a ideia de que "o principal é que os sons não devem ser apenas ouvidos, mas também analisados e julgados" (p.299). Preocupado com os efeitos da poluição sonora da sociedade moderna sobre o ser humano, esse músico defende o cultivo de uma mudança de atitude em relação à percepção auditiva. Portanto, o trabalho de escuta que propõe inicia-se com o que ele denomina "limpeza de ouvidos" (p.67), em que "se aprende" ou reaprende a ouvir os sons. Schafer acredita que, se o indivíduo começar a prestar atenção nos sons, em suas diferenças, sutilezas e semelhanças, descobrirá que certos sons estavam "adormecidos". Com essa consciência, o hábito perceptivo do quadro à sua volta mudará, trazendo, em consequência, uma alteração da atitude de escuta, em relação ao ambiente sonoro, que se transforma. Exemplo disso é um exercício que propõe, em que os alunos, de olhos vendados, têm de descobrir, pela escuta, os tipos de solo em que caminham: chão de concreto, chão emborrachado, grama e outros, e os diferentes sons produzidos por seus calçados — solas de couro, borracha, ou outro material. Mais do que propor um treinamento auditivo Schafer está interessado na modificação do hábito de escuta (2001, p.151). Nesse sentido o silêncio torna-se de vital importância, pois facilita a escuta, contrapondo-se à "esquizofonia"[13] sonora do ambiente moderno. O silêncio favorece a concentração e faz a audição ficar "alerta".

> Hoje, em virtude do aumento das incursões sonoras, estamos começando a perder a compreensão da palavra *concentração*. As palavras sobrevivem, com certeza, isto é, seu esqueleto permanece nos dicionários, mas são poucos os que sabem insuflar vida nelas. A reconquista da contemplação nos ensinaria a ver o silêncio como um estado positivo e feliz em si mesmo, como a grande e magnífica tela de fundo sobre a qual se esboçam as nossas ações, sem o que permaneceriam incompreensíveis ou não poderiam sequer existir. (2001, p.357)

Com o silêncio o vocabulário sonoro amplia-se, pois ele "protege o evento musical contra o ruído"[14] (Schafer, 1991, p.71). Schafer afirma que o compositor do século XX, está "atento ao silêncio" e "compõe com ele" (2001, p.355). Pela sua importância na sociedade moderna é explorado como material de criação.

No pensamento de Schafer a voz é utilizada como matéria-prima e contribui para o despertar do universo sonoro. Inspirado na coloração das vozes dos povos primitivos, de outras épocas e culturas (1991, p.207), em materiais

---

13 *Schizo* – do grego que significa cortar, separar e *phone*, voz, também do grego. O termo foi criado por Schafer para indicar a distância entre a fonte produtora de som e a sua propagação.
14 Ruído no sentido empregado por Schafer é qualquer som que destrói o que se tem intenção de ouvir (1991, p.69).

alternativos, como poesia, literatura, sons onomatopaicos, mantras, imitação de sons da natureza, artes visuais, trabalha a voz como que explorando a habilidade física do cantor. Tendo como recurso, por exemplo, fonemas de consoantes e vogais, a ideia é trabalhar o envelope sonoro desses sons. Todo esse material está em consonância com o utilizado na música contemporânea, que procura explorar a emissão vocal de diversas maneiras: fala, *parlando*,[15] *Sprechgesang*,[16] canção silábica,[17] canção melismática,[18] "vocábulos (sons puros: vogais, consoantes, agregados ruidosos, canto com a boca fechada, grito, riso, sussurro, gemido, assobio e outros) (Schafer, 1991, p.240).

A partir da escuta, Schafer desenvolve propostas de criação e fazer musical em que a expressão sonora é valorizada e vista como caminho para o conhecimento. De acordo com este autor, na atual sociedade, grande parte das pessoas não está envolvida em "fazer música". É muito comum encontrar o ouvinte passivo, que apenas recebe a música feita por outros (Entrevista 1.10.2004).[19] A consequência imediata do ouvinte passivo é que a música passa a ser alheia ao sujeito, não se tornando veículo de sua expressão sonora, em que há troca de experiências e ideias, permanecendo, portanto, acessível somente a uma classe restrita, que tem conhecimento suficiente para ouvir esse tipo de música de maneira ativa e participante. No entanto, em outras culturas, a prática musical faz parte do cotidiano em que todos se expressam sonoramente.

A atitude de perceber todos os sons à nossa volta, como propõe Schafer, implica, inevitavelmente, ouvir a produção musical da sociedade moderna. O autor assinala que cada sociedade tem um tipo próprio de repertório musical. Nesse sentido,

> a música de outras culturas também deveria ser estudada, para colocar a nossa em uma perspectiva adequada ... Temos, porém, uma outra obrigação, que é continuar a ampliar o repertório, que é onde falhamos miseravelmente. É uma questão de tempo verbal. Se as realizações de uma sociedade estão todas no passado, o problema é sério. Por isso torna-se necessário manter sempre vivo o instinto exploratório para fazer música criativa. (1991, p.296)

---

15 *Parlando* – fala levemente entoada, algumas vezes utilizada pelos clérigos (Schafer, 1991, p. 240).
16 *Sprechgesang* – (canto falado em alemão), técnica de emissão vocal criada por Schoenberg que é fala cantada (a curva de altura, duração e intensidade assume posições relativamente fixas) (Schafer, 1991, p.240).
17 Canção silábica – canto em que se emprega uma nota para cada sílaba.
18 Canção melismática – canto em que se emprega mais do que uma nota para cada sílaba.
19 Entrevista realizada pela pesquisadora em 1.10.2004 por ocasião de sua vinda ao Brasil.

Considerações

Retomando o primeiro capítulo deste livro, que evidencia a restrição de escolha no repertório praticado nos coros infantojuvenis e examinando as modificações ocorridas na linguagem musical, ver-se-á que, ao se limitar a experiência musical a um tipo único de repertório, muitos dos procedimentos contidos na música pós-tonal ficam excluídos dessa prática. Pode-se, igualmente, notar que, no campo vocal, a paleta de emissões sonoras foi bastante ampliada em relação à prática comum de repertório do período tonal, com a inclusão de uma ampla gama de possibilidades sonoras, não utilizadas no discurso tonal.

Como afirma Caznók, é a partir do impressionismo e do expressionismo, "especialmente, que a audição de uma obra musical começa a se apresentar como um problema" (1992, p.57). Começa a haver um distanciamento entre compositor e ouvinte, estabelecendo-se uma verdadeira "guerra" entre ambos. De um lado, estava o público que se recusava a aceitar as novas propostas e, de outro, o compositor que se mantinha firme em sua convicção de seguir na busca de novas maneiras de organização sonora.

> É nesta viagem, não só musical, mas principalmente existencial, onde criadores vão em busca do desconhecido, que o público se recusa a acompanhá-los. Abraçar este mundo significa abandonar valores e crenças cristalizadas, conceitos estáveis e confortáveis, direções e previsões seguras ... que até então garantiam ao Sujeito seu papel de ouvinte.
> Enquanto este Sujeito foi capaz de identificar e acompanhar o desenrolar sonoro que se lhe apresentava, ele teve reforçada sua qualificação como ouvinte. A partir do momento em que isso não foi mais possível, ele se viu ameaçado em sua condição de receptor capacitado. (1992, p. 63)

Faz-se necessário aprender a conviver com o "permanentemente mutável, com inacabado, com o processo" (1992, p. 65) e não mais com o "fixo, estanque e o permanente" (p.65). Essa é a nova postura que as obras do século XX exigem de seus ouvintes, a qual traz como consequência o afastamento do grande público e passa a conviver com pequenos grupos de ouvintes interessados.

Após haver-se examinado, ainda que sucintamente, o pensamento de Reibel, Paynter e Schafer, autores que em suas propostas favorecem a emersão no contexto da música experimental, pode-se afirmar que é possível notar em todos esses educadores princípios comuns, norteadores de seus trabalhos:

- a constituição do conhecimento por meio de experiências práticas, sendo a criação a via para a expressão sonora;

- a escuta do fenômeno sonoro como princípio de desenvolvimento do trabalho;
- a abrangência da experiência musical, incluindo no repertório sons de diferentes naturezas e a produção de compositores atuais.

Todos os educadores apontados defendem pontos que estão em consonância com a linha fenomenológica da linguagem, ou seja, que é a partir da experiência prática que o conhecimento se constitui. Quanto mais diverso for esse campo de experiência, maior será a relação do sujeito com o universo sonoro. O movimento que surge na busca de sentido das novas experiências faz que o sujeito as tome como suas, transcendendo seu sentido original e transformando percepções futuras. A criação é a via que favorece esse movimento fazendo o indivíduo se expressar sonoramente.

Capítulo 3
O Grupo CantorIA e o surgimento do repertório

Com o conceito de linguagem verbal, exposta na Introdução, e de sua transposição para a música, constata-se a semelhança entre as duas linguagens. A partir de elementos comuns entre ambas pode-se traçar uma proposta educacional com ênfase na voz, que priorize a prática e a percepção como meio de transformação do sujeito praticante de música. Se as percepções passadas podem ser trazidas ao presente para modificá-lo, agindo nas percepções futuras, justifica-se a inclusão de experiências diversificadas para que as percepções sejam abrangentes. Dessa forma, a inclusão de repertório coral em um grupo infantojuvenil, diferentemente do em geral praticado, promoverá mudanças perceptivas, transformando, consequentemente, a relação do sujeito com o universo sonoro.

Acreditamos que uma experiência musical que inclua vários estilos, gêneros e organizações musicais conduz o educando a uma predisposição a diversos tipos de sonoridade. Foi o que pretendemos ao aproximar o Grupo CantorIA da música contemporânea.

O Grupo CantorIA – Projeto "Educação Musical pela Voz"

O Grupo CantorIA do Instituto de Artes da Unesp é resultante das atividades do Projeto "Coros Infantis da Unesp — Educação Musical pela Voz", iniciado em 1989, pela musicista e educadora Marisa Trench de Oliveira Fonterrada. O Projeto viabiliza a participação de crianças e jovens da comunidade na experiência do canto em grupo, despertando suas habilidades musicais. Consequentemente, por essa prática, são desenvolvidas a percepção auditiva e a sensibilidade musical dos integrantes do coro. A iniciativa de participar do grupo coral é do próprio jovem ou criança, do qual não é exigida qualquer experiência musical prévia. Paralelamente ao trabalho, o Projeto prevê a formação do regente-educador, em geral alunos dos cursos de graduação da instituição envolvida, como bolsistas de extensão ou voluntários, mas também regentes ou alunos de música da comunidade externa, que se acercam do grupo para se aperfeiçoar no trabalho de música com essa faixa etária.

A proposta do Projeto "Coros Infantis da Unesp – Educação Musical pela voz" foi apresentada à vice-diretoria do Instituto de Artes, como Projeto de Extensão à Comunidade, que o encaminhou à Coordenadoria de Atividades Culturais da Pró-Reitoria de Extensão (Proex), tendo sido aprovado em outubro de 1988.

O Projeto nasceu da necessidade detectada por Fonterrada de tratar de questões relativas à educação musical e à formação do educador musical no âmbito da universidade, abrindo oportunidade para a comunidade externa e para o aperfeiçoamento dos alunos do IA, interessados em se aprofundar nessa temática. O texto do Processo n.585/96 (IA/Unesp, fl.231) esclarece que, partindo da Lei de Diretrizes e Bases da Educação n. 5692/71(LDBE), a música deixou de ser uma disciplina autônoma no currículo de ensino de 1º e 2º grau, passando a integrar-se a outras formas de expressão artística, no corpo da nova disciplina nomeada Educação Artística (P.585/96, fl.134). Algumas consequências problemáticas dessa reforma foram identificadas por Fonterrada na área de educação musical:

- As crianças passaram a não ter muitas opções de acesso à pratica musical fora do ambiente escolar ou religioso. Isso fez que elas ficassem quase exclusivamente *"expostas aos veículos de comunicação de massa"* (Processo IA/Unesp 585/96, fls.121-34), em muitos casos, o único modelo musical a que têm acesso. Dessa maneira, o referencial estético viabilizado por rádio ou TV, por ser uma das únicas fontes de informação musical da criança, mostrou, como consequência, a tendência em fazê-la *"consumir acriticamente o que lhes é oferecido e a interiorizar modelos uniformes e estereotipados"*, *"eliminando as diferenças regionais e culturais"* (P. IA/Unesp, fls.121-34). De acordo com Fonterrada, *houve uma considerável perda de qualidade no ensino de música à população, exceção feita às escolas especializadas em música, em que se prioriza o ensino de instrumento* (1995).[1]

---

1 O documento é o portifólio de apresentação do grupo elaborado por ocasião de sua ida à Europa em 1996.

Este fato está associado ao da perda do poder aquisitivo de grande parte da população, que já ocorria na época, que, em geral, tinha dificuldades financeiras para oferecer aos filhos cursos de instrumento, no geral bastante dispendiosos (1995).

- Os ruídos eletroeletrônicos, da sociedade tecnológica, em geral com volume *chegando perto do limiar do suportável*, vêm causando *danos à percepção auditiva, memória e atenção* (P. IA/Unesp, fl.121).
- Há uma relativa desproporção entre a voz humana e o som altamente amplificado. Paralelamente, *a população escolar brasileira vem se ressentindo cada vez mais da falta de hábitos de audição e da ausência de oportunidades para o exercício da músic.* (P. IA/Unesp, fl.121).
- De acordo com Marisa Fonterrada, o Projeto Coros Infantis da Unesp tenta amenizar essa situação, pois, por meio dele, buscam-se meios de promover a educação musical às crianças atendidas, adaptada, porém, à realidade brasileira e privilegiando o uso da voz e do corpo como instrumentos de musicalização. Segundo ela, partindo da concepção de música como linguagem, defende a premissa de que fazer arte não é privilégio de alguns, bem-dotados, mas que pode ser fruída por todos, se condições mínimas de acesso a ela lhes for facultado" (P. IA/Unesp, fl.169). No projeto, propõe-se a trabalhar a música em uma ampla variedade de formas e funções, buscando tornar possível a crianças em idade escolar que pertençam, de algum modo, à comunidade do IA, "o acesso ao fazer musical, através do uso da voz, do movimento espontâneo, da criatividade e do desenvolvimento do pensamento musical" (P. IA/Unesp, fl.170). Outra preocupação era explorar repertório variado, com músicas étnicas, populares, clássicas e contemporâneas, a fim de contribuir para a "formação do gosto estético" e minimizar os efeitos unilaterais da produção musical da época, destinadas a crianças e adolescentes[2] (P. IA/Unesp, fls.170).

Os fundamentos do projeto foram assim descritos no documento citado:
- valorização do ser humano e da cultura do país;
- busca de um trabalho com características brasileiras, sem que essa preocupação afaste os participantes do projeto das manifestações artístico-culturais de outras partes do mundo;

---
[2] observação deve ser vista levando-se em conta a época em que foi escrita, pois, na década de 1990, havia pouca produção musical dirigida a crianças, embora existissem algumas, lançadas por gravadoras independentes. Atualmente já há selos interessantes de material gravado para crianças.

- melhoria da qualidade auditiva e vocal de crianças e jovens;
- ênfase nas relações existentes entre Música e Ecologia;
- busca de maior conscientização acerca das questões ligadas ao ambiente sonoro, considerado corresponsável pela qualidade auditiva da população em geral. Nesse sentido, aceita as ideias do educador musical canadense R. Murray Schafer, às quais procura adaptar às condições brasileiras (Fonterrada, Portifólio, p.11).

A outra área de atuação do projeto é a formação do educador musical, como já foi citado. A autora argumenta que desde que a disciplina de Educação Musical foi extinta, os professores de música desenvolveram seus trabalhos graças ao intercâmbio entre colegas e à participação em encontros, congressos ou cursos de extensão, ou seja, fora do âmbito oficial de ensino. Frequentemente, alunos dos cursos de Bacharelado em Música iniciavam a carreira de professor sem ter tido, no curso, disciplinas específicas dedicadas à formação do educador musical. Em vigência no Instituto de Artes da Unesp, até o ano de 2007, o curso de Licenciatura em Educação Artística com Habilitação em Música não tinha condições de oferecer uma sólida preparação a seus alunos, de modo a torná-los competentes professores de Música, por causa das características curriculares do curso.

Em muitas escolas, inclusive no Instituto de Artes da Unesp, nos dois primeiros anos do curso de Educação Artística, a grade curricular era comum a todas as habilitações (música, artes plásticas e cênicas), pois o objetivo do curso era preparar o professor polivalente em todas as linguagens artísticas. Isso se tornava um problema, pois cada área necessita de pré-requisitos distintos. No caso da música, por exemplo, estudantes sem formação musical prévia participavam de disciplinas como teoria e percepção musical, o que não permitia o aprofundamento dos temas, uma vez que era preciso atender às necessidades do grupo. Restava aos alunos de Licenciatura em Educação Artística com Habilitação em Música apenas os dois anos finais do curso para o estudo específico da área. As disciplinas pedagógicas, por sua vez, não supriam a necessidade do estudante de música, pois eram dirigidas a alunos de todas as habilitações. Atualmente vive-se o momento da implementação gradativa dos conteúdos da Lei 9.394, de 20 de dezembro de 1996, Lei de Diretrizes e Bases da Educação Nacional (LDNEN). A Lei fortalece a implementação de licenciaturas específicas nas várias modalidades artísticas, ou seja, música, dança, artes visuais e teatro, desestimulando, consequentemente, a figura do professor polivalente capaz de ensinar todas as linguagens artísticas, como previa a Lei 5.047/61 que instituiu o curso de Licenciatura em Educação Artística. Paralelamente a essa conquista, vivemos, no entanto, o problema da falta de docente especializado em cada uma dessas áreas. Embora a situação atual indique progresso com a criação das licenciaturas específicas, o processo é recente e as dificuldades na formação do professor de artes continuam. A partir de 2005 o curso de Educação Artística foi sendo substituído pelo de Licenciatura em Educação Musical. A última turma graduou-se em 2007. Esse quadro da situação músico-educacional brasileira coloca o projeto que estamos discutindo em uma posição condizente com o momento atual, e justifica sua existência por seu propósito de contribuir para preencher a lacuna existente na formação do estudante de educação musical.

Quando o Projeto "Educação Musical pela Voz" se iniciou, em março de 1989, havia grupos em várias unidades da Unesp, mas, por uma série de motivos que não discutiremos aqui, eles não permaneceram após 1992, mantendo-se o Projeto apenas no Instituto de Artes da Universidade.[3]

Atualmente o grupo coral do Instituto de Artes é um dos Projetos Permanentes do Programa de Atividades Culturais/Pró-Reitoria de Extensão Universitária (PAC/Proex) ao lado do Grupo de Percussão do Instituto de Artes (PIAP) e do Projeto Barroco Memória Viva (Barroco), também desenvolvidos na mesma instituição. Ao longo desses anos tem dado subsídio a diversos projetos de pesquisa, abrigando, além de seus bolsistas de Extensão Universitária, outros pesquisadores de Graduação e Pós-graduação.

No princípio, o Projeto "Coros Infantis da Unesp" atuou atendendo a crianças de sete a doze anos. Com o passar dos anos, passou a atender uma faixa etária mais ampliada, de seis a dezoito, por dois motivos: a) desejo de permanência no coro pelas crianças que dele participavam, mesmo após os doze anos de idade; e b) interesse dos irmãos dos cantores, de menos idade, em fazer parte do grupo. Essas crianças acompanhavam os pais quando estes traziam os irmãos mais velhos ao coro e manifestavam desejo de participar do trabalho, sendo, assim, assimilados pelo grupo.

O público atendido pelo Projeto era formado, na maior parte, por crianças e jovens da comunidade do bairro Ipiranga e filhos de funcionários do Instituto de Artes da Unesp. Fonterrada, ao analisar o comportamento de crianças e jovens que iniciaram o trabalho em 1989 durante as atividades corais, detectou algumas dificuldades, de concentração, fazer silêncio, afinação, além de "baixa capacidade de memorização de sons, de discriminação sonora e de uso da linguagem musical" (1991, p.223).

---

3 As informações detalhadas a esse respeito estão contidas na dissertação de mestrado de Fonterrada, 1991.

No geral, o perfil das crianças e dos jovens que se juntam ao coro hoje não difere muito do detectado no início do Projeto: eles não têm experiência musical prévia e cantam em região considerada grave para a voz infantil; grande parte das crianças e jovens continua a ter como modelos vocais o que lhes é oferecido pelo rádio e pela televisão, suas grandes fontes de referência. Alguns demonstram dificuldade em reproduzir determinada sequência de alturas. Outro aspecto comumente observado em crianças que chegam ao coro é a postura corporal curva apresentada por muitas crianças e jovens, dando-lhes a aparência de estarem fatigados; essa questão postural alia-se à dificuldade de se manterem em pé por longo tempo, manifestando cansaço. Embora esse quadro não seja incomum, hoje existe um modelo vocal já assimilado pelos integrantes do coro com maior tempo de participação, o que permite aos iniciantes uma rápida adaptação, fazendo que o trabalho se desenvolva com maior fluidez.

Algumas experiências

Conhecendo os conceitos e princípios sobre os quais os trabalhos do coro são baseados, indaga-se, então, se o repertório por ele vivenciado assemelha-se ao verificado nos coros de São Paulo, estudados no Capítulo 1.

Quanto a esse aspecto, pode-se afirmar que faz parte das propostas do Projeto explorar repertório variado e trabalhar a música em ampla variedade de formas e funções. Os monitores entrevistados confirmaram em seus depoimentos a abrangência do repertório praticado, desde sua criação, que envolve música popular, étnica, *negro spirituals*, música contemporânea, música criada pelo grupo, tudo enfim que possa contribuir para a compreensão da linguagem musical.

Exemplo do que se está afirmando é que, logo no início do Projeto, parte da obra "Snowforms" de Schafer (1983) foi utilizada em atividade relacionada à grafia dos sons.

Os gráficos empregados na partitura indicam os movimentos ascendentes e descendentes do som, auxiliando na compreensão do caminho sonoro. O *glissando* pedido pelo autor, para o encadeamento das alturas, faz que a distância entre elas seja entendida e sentida com facilidade. A obra, no entanto, àquela época, foi empregada com objetivos pedagógicos e não performáticos, pois ainda era considerada difícil para o grupo.

Ampliando o repertório do coro infantojuvenil

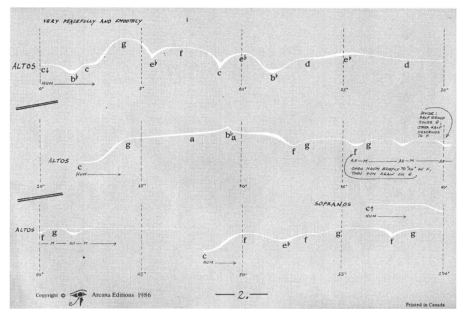

Figura 1 – Trecho de "Snowforms" (Schafer, 1983; publ. 1986).

Outro trabalho com fins pedagógicos foi realizado com a peça "Quelques Étoiles Claires", de David Bedford (1995), com enfoque na leitura musical.

Em 1996 o coro teve a oportunidade de se apresentar na Europa. Após ter sido aprovado para participar da reunião da The International Society for Music Education (ISME) em Amsterdã, o grupo recebeu convite para juntar--se a outros coros em The Bonn International Chorus In Concert, em Bonn.

O programa preparado para a apresentação na Europa foi denominado *Programa de Índio*, fazendo um trocadilho brincalhão com o fato de ser música brasileira – de índio – e, apesar desse título, pretender mostrar um programa considerado de boa qualidade. Faziam parte do programa as peças: "Negrinho do Pastoreio", de Eunice Catunda, e "Plúmbea Spes", de Jorge Antunes, cujas características se aproximam das que fizeram parte da pesquisa aqui relatada.

"Plumbea Spes" (1978) contém sílabas sussurradas, trechos falados e células melódicas que se repetem e sobrepõem umas às outras *ad libitum*.

"Negrinho do Pastoreio" é uma recriação dramático-musical da lenda gaúcha de mesmo nome para coro de vozes iguais, solistas e instrumentos. A compositora, ex-aluna do professor e compositor Hans-Joachin Koellreutter, teve um trabalho importante na área de composição musical. A obra foi realizada parcialmente tendo sido apresentado somente o Coro 1 para vozes iguais.

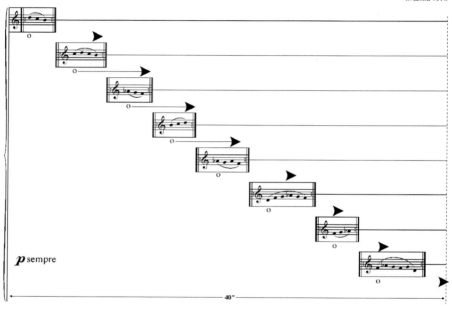

Figura 2 – Trecho de "Plúmbea Spes" (Antunes, 1978).

Em Bonn, o grupo participou de um concerto com outros coros infantis, em que cantaram um repertório comum, sob a regência de Doreen Rao, ex--regente de The Glen Ellington Children Choir, de Chicago, e coordenadora do Festival de Bonn em 1996.

Em 1998 o coro teve outra experiência relacionada à preparação e consequente concerto das obras de Alexandre Reche, aluno do curso de Composição e Regência, bolsista de Iniciação Científica pela Fapesp. Foram três obras – "Realidarte", "Sinestesia" e o texto forjado por Omar.

O trabalho de composição musical realizado por Reche, nos anos 1997 e 1998, constou dos seguintes passos: o aluno estagiou junto ao coro durante seis meses, apenas observando o trabalho e detectando quais conceitos musicais já haviam, ou não, sido assimilados por seus integrantes. A partir de suas observações, começou a escrever para o grupo, usando poemas de autores brasileiros (entre eles, Carlos Drummond de Andrade e Omar Khoury), abrindo espaço para a criação por parte das crianças, em diversos procedimentos lúdicos que concebeu. A instrumentação foi variada em cada uma das peças, indo do simples acompanhamento ao piano até uma orquestra formada por instrumentos diversos, que contou com a participação especial do grupo PIAP. O resultado foi apresentado em concerto público, no Instituto de Artes da Unesp, e a gravação de evento fez parte do relatório final do bolsista, apresentado à Fapesp em dezembro de 1998.

As peças contêm muitos dos efeitos vocais citados por Mabry (2002): trechos falados, sons fonéticos, *glissandos*, sons de altura indefinida, inspiração ruidosa e *clusters*.

Uma experiência bastante singular foi vivenciada pelo grupo durante a preparação da obra "The Enchanted Forest" (1993) de Schafer, em 1998, no Parque da Independência de São Paulo. O evento foi coordenado pela prof. dra. Marisa Trench de Oliveira Fonterrada que também traduziu a obra para o português, preparou o coro e representou um dos personagens. Teve a participação de artistas canadenses — Barry Karp, Rae Crossman, Jerrard Smith e Murray Schafer —, e brasileiros — Samuel Kerr e Renúncio N. de Lima —, e teve o incentivo de diversas instituições de apoio à pesquisa: Ministério de Relações Exteriores do Canadá, Fundunesp, Fapesp e Proex. A obra contém vários efeitos vocais, *clusters*, *glissandos*, sons fonéticos, sílabas repetidas, mudanças constantes de compasso. Além disso, a notação empregada pelo compositor contém desenhos e sinais não convencionais.

Figura 3 – Trecho de "Realidarte" (Reche, 1998).

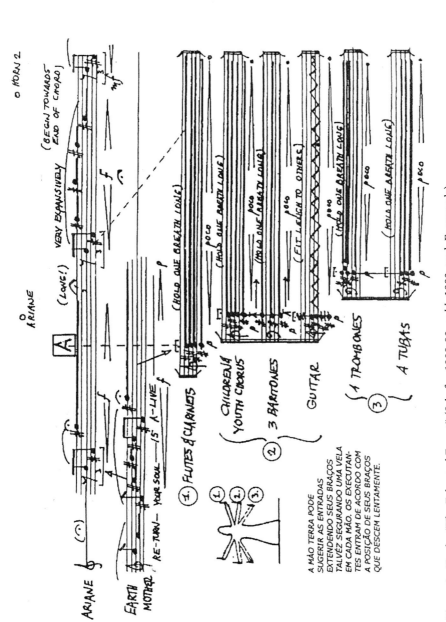

Figura 4 – Trecho "The Echanted Forest" (Schafer, 1989-93; publ. 1993, trad. Fonterrada).

Em 1992 o grupo Infantil foi convidado por Samuel Kerr a participar da Programação do Coral Paulistano, cantando "The Chichester's Psalm" de Leonard Bernstein, para coro, voz infantil, órgão, harpa e percussão. Foram três concertos: na Igreja Presbiteriana Independente, no dia 28 de novembro de 1992, e no Teatro Municipal, nos dias 9 e 21 de dezembro de 1992, sob a regência de Samuel Kerr, com participação de Dorotéa Kerr, ao órgão, Santa B. Valentini, na harpa, e Antonio Carlos Tarcha, na percussão.

Ainda a convite de Samuel Kerr, o coro participou da Temporada 2001 (23.3.2001) do Teatro Municipal, com a Orquestra Sinfônica Municipal e Coral Paulistano, com a música "Te Deum Puerorum Brasiliae", de Edino Krieger.

Ao relembrar o trabalho desenvolvido no "Projeto Educação Musical pela Voz", é importante destacar que o professor e maestro Samuel Kerr marcou a trajetória do Grupo CantorIA. Kerr viu no grupo possibilidades artísticas além do propósito pedagógico e criou oportunidades que favoreceram o crescimento do coro, fazendo as crianças passarem pela experiência de cantar com orquestra e com o Coral Paulistano, do qual era regente titular e de se apresentar em vários lugares, inclusive no Teatro Municipal. Ele exerceu grande influência nas crianças do coro, que adoravam participar desses projetos e aprendiam muito com ele e com o convívio com os corpos estáveis do Teatro Municipal.

Pode-se, ainda, incluir, nesta pequena resenha de projetos, dos quais o CantorIA participou, as experiências vividas durante o ano de 2003, com a preparação do musical "Edu e a Orquestra Mágica", de autoria de Marisa Fonterrada e Heliel Lucarelli, inspirada no conto infantil de Schafer, "Edward's Magic Orchestra" (apud *O ouvindo pensante*, 1991, p.385-91).

Esses são alguns exemplos que indicam a presença de propostas contemporâneas no exercício coral do Grupo CantorIA.

Notamos por essas experiências que o repertório do coro difere da maior parte do repertório colhido nas pesquisas do primeiro capítulo, em que a música contemporânea praticamente inexiste.

O surgimento do repertório

Como se pode constatar das informações apresentadas no item anterior, o coro teve a oportunidade de ser exposto ao repertório contemporâneo, pois um dos pensamentos que conduz o Projeto "Educação Musical pela Voz" é o da diversidade da linguagem musical, ou seja, o trabalho de repertório amplo e diversificado. Algumas vezes, a prática deste repertório foi circunstancial, como é o caso de "The Chichester´s Psalm", de Leonard Bernstein e "Te Deum Puerorum Brasiliae", de Edino Krieger, preparadas em razão de convites recebidos por Samuel Kerr; em outras, foram selecionadas com o intuito de aproximar o grupo daquela estética, como foi o caso de "Enchanted Forest", de Murray Schafer, "O Negrinho do Pastoreio", de Eunice Catunda e "Plúmbea Spes", de Jorge Antunes. No entanto, a oportunidade de trabalhar especificamente com música contemporânea, de maneira sistemática, veio com o presente estudo e, para que ele se tornasse viável, foi preciso procurar material coral que se adequasse ao grupo e, ao mesmo tempo, atendesse às necessidades da proposta lançada pelo presente trabalho.

Para acompanhar o caminho de busca das obras e saber de que modo elas foram incluídas no repertório do Grupo CantorIA, é preciso retroceder ao ponto em que a pesquisa estava ainda em elaboração. O início do trabalho coincidiu com a fase final da preparação do musical "Edu e a Orquestra Mágica", no qual o Grupo CantorIA trabalhava, com as crianças que faziam parte do projeto "Música na Escola – a sensibilidade estética a serviço da qualidade de vida", desenvolvido na Escola Estadual "Seminário Nossa Senhora da Glória", no Ipiranga, no período de 2000 a 2004, sendo um dos Programas para a Melhoria do Ensino Público da Fapesp.

Algumas canções do musical são bem simples, ao passo que outras apresentam arranjos vocais a duas e três vozes, havendo, ainda, outras propostas, como superposição de melodias, *ostinatos*, *clusters* e uma pequena intervenção de música eletroacústica, especialmente composta por um dos bolsistas do projeto, Marcelo Sarra Nicholini.

Em julho de 2003, o coro foi convidado a ilustrar o workshop ministrado pela maestrina, cantora e educadora Brigitte Rose da École Nationale de Musique Du Pays de Montbéliard, na Franca, pela Arci e realizado em parceria com o SESC Ipiranga, de 1º a 5 de julho de 2003, no teatro desta última entidade. Nessa ocasião o coro apresentou parte do espetáculo, ainda em fase de preparação, que foi trabalhado vocalmente pela regente. Desse contato, surgiu a oportunidade de criar um intercâmbio entre a escola de música de Montbéliard e os alunos do Projeto "Educação Musical pela Voz", coordenado pela professora Marisa Fonterrada; deste convite, resultou a minha ida à França, no início de 2004, para realizar um estágio de dois meses com Brigitte Rose, e demais docentes da École Nationale de Musique du Pays de Montbéliard, além de participar de visitas à Université Marc Bloch, em Sélestat.

Em Montbéliard é desenvolvido um projeto de canto coral que abrange todas as crianças de escolas públicas que manifestem desejo de cantar. É um trabalho conjunto da École Nationale de Musique de Montbéliard e a Prefeitura da cidade. Os docentes são profissionais de sólida formação, ampla experiência pedagógica, que apresentam grande preocupação e comprometimento com a formação musical infantil e juvenil e, paralelamente a seu trabalho nas escolas, atuam como instrumentistas, cantores e regentes. A presença desses profissionais na área pedagógica favorece o aprendizado profundo da linguagem musical e também de técnica vocal.

As crianças e os jovens envolvidos no projeto participam semanalmente de dois encontros de prática coral, com uma hora de duração. Há um terceiro encontro que visa à compreensão, ao desenvolvimento e ao aprimoramento da técnica vocal, ministrado a grupos de três a quatro crianças ou jovens, com duração de uma hora, para os maiores, e de 30 minutos, para os menores. O projeto de coro inclui, ainda, aulas de teoria e solfejo. Complementando o curso de canto coral, a partir do segundo ano de exercício vocal, há a possibilidade do aprendizado de piano para o aluno interessado nessa prática.

No ensino da técnica vocal, são utilizadas constantemente comparações entre as sonoridades buscadas e imagens familiares aos alunos. O uso desse recurso evita o aprendizado de cunho exclusivamente mecânico e permite que a técnica seja apresentada de maneira concreta, o que condiz com as atitudes pedagógicas adequadas à faixa etária atendida pelo projeto.

Vários concertos foram preparados em Montbéliard, durante o tempo do estágio. As apresentações diferiam entre si, tanto na formação[4] quanto no repertório, que abrangia canções étnicas, sacras, eruditas e música contemporânea. Os idiomas verbais das canções tinham grande diversidade, embora predominasse a língua francesa, sobretudo entre as crianças menores.

No fim do estágio, todo o corpo docente esteve envolvido na preparação de um concerto de música contemporânea, que incluía alunos, professores e os coros infantis e infantojuvenis da região. As peças continham diferentes emissões vocais e eram cantadas em distintos idiomas. Como parte desse projeto, houve um workshop somente para as professoras da École Nationale de Musique du Pays de Montbéliard com a proposta de montagem de "Mesostics", do compositor norte-americano John Cage. O workshop foi coordenado pela cantora Mônica Jordam, também responsável pela preparação vocal.

---

4 Havia apresentações *a cappella* e outras com diferentes grupos instrumentais.

Esse período foi extremamente importante para o desenvolvimento da pesquisa e favoreceu a reflexão a respeito da possibilidade de se trabalhar música contemporânea com grupos infantojuvenis no Brasil, prática constatadamente pouco comum entre grupos brasileiros. Com livre acesso à biblioteca da École Nationale de Musique du Pays de Montebéliard, foi iniciada a pesquisa de obras vocais para o tipo de formação coral do Grupo CantorIA, ampliada, posteriormente, com visitas a outros locais aos quais se teve acesso.

Ainda durante o estágio, foi possível entrar em contato com o compositor brasileiro Victor Flusser, residente em Sélestat, França, e diretor da Universidade Marc Bloch – Centre de Formation de Musiciens Intervenants daquela cidade, e conhecer algumas de suas composições destinadas a coro infantil.

De volta ao Brasil, deu-se continuidade à busca por obras que estivessem de acordo com os critérios propostos. Iniciou-se pelo Centro de Documentação de Música Contemporânea da Universidade Estadual de Campinas (CMDC Brasil/Unicamp). Àquela época, a regente Lilia de Oliveira Rosa desenvolvia um trabalho de catalogação de obras para coro infantil *a cappella* e era a responsável por esse setor no CDMC. No entanto, ao fazermos a busca, constatamos que a quase totalidade das obras a que se teve acesso era tonal, portanto tiveram de ser descartadas, em virtude do objetivo da pesquisa.

O passo seguinte foi contatar compositores brasileiros para obter informações sobre suas criações e composições para coro infantojuvenil. As oportunidades foram surgindo durante o processo de busca.

Fonterrada começou a trabalhar uma suíte miniatura, inspirada em poesias do livro *Cantigas por um passarinho à toa*, de Manoel de Barros (2003). Uma das canções dessa suíte – "O cachorro vira-lata" — passou a fazer parte do repertório.

O compositor Rodolfo Coelho de Souza, professor da Universidade Federal do Paraná, em Curitiba, pôs à disposição da autora algumas partituras e gravações de suas obras e forneceu explicações a respeito de alguns dos procedimentos composicionais utilizados por ele, nas várias fases de sua carreira. No entanto, examinadas as obras, constatou-se que não eram dirigidas a intérpretes infantojuvenis.

O compositor Jean-Yves Bosseur (Universidade de Paris) esteve no Brasil nos meses de agosto e setembro de 2004 ministrando a disciplina "Análise Musical do Repertório do Século XX", para o Programa de Pós-graduação em Música do Instituto de Artes da Unesp. Desse contato, foi possível obter informações importantes a respeito de repertório de música contemporânea dirigido à faixa etária do Grupo CantorIA. Bosseur dispôs-se a criar propostas musicais especialmente para este estudo, em português. Solicitou, então, que lhe fossem apresentados textos poéticos de autores brasileiros, sobre os quais pudesse compor. Após haver investigado uma quantidade razoável de poesias brasileiras, optou-se por treze poemas escritos por Paulo Leminski, enviados ao compositor, que criou jogos vocais para sete[5] deles, contribuindo enormemente para este trabalho.

Colegas compositores recém-formados foram igualmente contatados e estimulados a escrever obras inéditas e específicas para o Grupo CantorIA.

Sérgio Leal trabalhou musicalmente o poema de Omar Khouri, "Quase poema para ser musicado e quase cantado"; Álvaro Borges, com "Pequeno nascer, grande morrer" – octeto infantojuvenil e eletrônico ao vivo (2004); e Arthur Rinaldi, com "Little grey eyes"[6] (2005) estão entre os que aceitaram o desafio de escrever obras para esse tipo de público.

As peças do compositor-educador Schafer, e de Victor Flusser, bem como o material publicado pelo MEC/Funarte, com várias peças de música brasileira para coro infantil, foram outras fontes de repertório pesquisadas.

O trabalho de seleção do material colhido obedeceu a alguns critérios: as obras deveriam ser para coro *a cappella* ou com acompanhamento de piano, a fim de que os esforços fossem concentrados no trabalho vocal e não se tivesse de enfrentar problemas de organização que exigissem a participação de muitos músicos.

Primeiras experiências

Inicialmente, escolheu-se peças que utilizassem elementos, àquela época, desconhecidos pelos atuais cantores do Grupo CantorIA, tais como: *Sprechgesang*, o idioma alemão e fonemas produzidos a partir de sussurros, sem altura definida.

O trabalho de aproximação começou com duas experiências: na primeira, foi pedido ao coro para criar sonoridades vocais que expressassem a ideia de

---

5 Poema rezado por crianças antes de dormir.
6 Os poemas são: "Distâncias Mínimas", "Que Tudo Passe", "1 Poema & 3 Haikais", "De ouvido", "Profissão de Febre", "Eu" e "Bicho Alfabeto", todos de Paulo Leminski.

claro e escuro. O tema escolhido foi a noite, baseado no poema do livro *Cantigas por um passarinho à toa*, de Manoel de Barros (2003).

> Do alto de uma figueira
> onde pouso para dormir
> posso ver os vagalumes:
> são milhares de pingos de luz
> que tentam cobrir o escuro.

1. = improvisação com as sílabas "lu" e "me".
2. = nova improvisação.

Figura 5 – "Vagalumes" (Fonterrada, 2004).

A princípio crianças e jovens mostravam-se tímidos, pois, para muitos, representar sonoramente a noite era uma tarefa abstrata. Pediu-se, então, para imaginarem a noite como em um desenho e então descrevê-la verbalmente. As crianças expuseram seus pensamentos e, gradualmente, adicionaram os elementos considerados necessários para compor a imagem: a presença de uma lua manchada pela passagem das nuvens, a presença de luzes dos vaga-lumes e também de várias estrelas. O passo seguinte foi determinar que tipos de sons representariam esses elementos.

Um dos meninos criou uma melodia muito expressiva para representar a noite. Enquanto o naipe dos meninos entoava essa melodia, os outros cantores encarregavam-se dos outros elementos sonoros apontados. Criada a ambientação sonora, iniciou-se a canção composta por Marisa Fonterrada para o Grupo CantorIA, baseada no poema já referido.

A segunda experiência diz respeito à preparação da peça "Der Nordwind," de Arne Mellnäs,[7] apresentada à autora durante seu estágio em Montbéliard. O texto refere-se ao vento do norte, que, quando sopra, traz chuva:

> O Vento do Norte
> O Vento Norte traz chuva
> e um uivo difamador
> maus olhos.[8]

O trabalho musical da obra está intrinsecamente relacionado ao texto. O compositor consegue traduzir musicalmente o vento e a chuva. Para isso utiliza alguns recursos:

- Para a primeira parte, relacionada ao vento, o autor escolheu os fonemas sibilantes: [ʃ"]e [s] [ç] . O fonema [ʃ"] pronuncia-se como [ch], o [s] como [s] e o [ç] é característico do idioma alemão e ausente no português, empregado, por exemplo, na palavra *Ich* (eu) da língua alemã.[9] Esses fonemas são apresentados, inicialmente, por cada uma das vozes separadamente, que, em seguida, são sobrepostos contrapontisticamente. O compositor acrescenta dinâmica e altura a esses fonemas, como pode ser observado na Figura 6:

Figura 6 – Trecho inicial de "Der Nordwind" (Mellnäs; publ. 1998).

---

7 Trabalhou muito para divulgar as ideias e ideais da música contemporânea.
8 Tradução realizada por Luis Stancato.
9 Consoante desconhecida em português; produz-se aproximando a língua do palato, com a ponta da língua encostada contra os dentes inferiores (encontra-se no começo das palavras, seguida por [e] ou [i], como em *Ich*; precedida por [e], [i], [ei], [äu], [eu], [ä], [ö], [u], como em *Bucher* ou por outras consoantes). Ou ainda procurando-se pronunciar um [r] gutural com a ponta da língua encostada contra a gengiva inferior (encontra-se precedida de [a], [u], [au] como em *Dach, Buch*) (*Dicionário de bolso*, 1982, p.656).

- Quando o poema é introduzido, a técnica utilizada é a do *Sprechgesang*.

Figura 7 – Trecho de "Der Nordwind" com *Sprechgesang*. (Mellnäs; publ. 1998).

- Na segunda parte, relacionada à chuva, quatro sons explosivos diferentes são pedidos pelo compositor que os descreve da seguinte maneira:
    - produção do som na lateral da boca – barulho produzido pela parte anterior da língua batendo no maxilar inferior;
    - produção do som na região dos dentes — barulho produzido pela língua nos dentes, sem som das cordas vocais, som de "t".
    - produção palatal – barulho produzido pelo contato rápido da língua com o céu da boca, com estalos.
    - produção bilabial — barulho com os lábios, som de "b" ou "p", sem uso das cordas vocais.[10]

Figura 8 – Segunda Parte de "Der Nordwind" (Mellnäs; publ. 1998).

---
10 Tradução realizada por Luis Stancato.

Esses eventos sonoros são sobrepostos de maneira irregular, guardando semelhança com o fenômeno da chuva, também irregular quanto ao resultado sonoro. Os eventos vão diminuindo, com a inclusão de silêncios e sussurros para a apresentação da última frase — "maus olhos" — significando, provavelmente, o desconforto causado pela chuva e pelo vento.

Figura 9 – Trecho final de "Der Nordwind" (Mellnäs; publ. 1998).

Vários são os motivos da escolha desta peça (Figura 9), pois ela resume muitos aspectos da música vocal contemporânea: o uso da técnica do *Sprechgesang*, fonemas desconhecidos no português, que produzem sussurros e ruídos vocais, fala e os efeitos sonoros anteriormente descritos, empregados na segunda parte da obra. É uma peça que tem de ser construída com o grupo, para que o resultado sonoro seja interessante. Os tipos de notação empregados, como mudanças de compasso e irregularidade métrica, somam-se ao quadro de capacidades musicais a serem construídas durante a pesquisa.

Ao trazer a obra para o coro, decidiu-se partir da experimentação individual e coletiva, antes de apresentar a partitura ao grupo, pelo fato de "Der Nordwind" (Mellnäs) conter muitos elementos desconhecidos. Foram exploradas diferentes maneiras de produzir os sons [ʃ"]e [s] [ç], pedidos pelo compositor. O elemento de maior desconforto foi o uso do fonema da [ç] língua alemã.

A dificuldade foi reduzida quando se pediu aos cantores para tentar emiti-lo como o [s] do português, porém sem deixar a língua tocar o céu da boca, quase um [s] raspado, aproximando esse som do *Ich* (eu) do idioma alemão. A etapa seguinte foi a de acrescentar os efeitos de altura a esses fonemas, observando e anotando de que maneira eles poderiam tornar-se agudos e graves. As descobertas individuais eram repetidas por todos os integrantes, a fim de despertar diferentes sensações musculares e auditivas. Os registros foram bastante variados e o resultado sonoro, interessante. Chegou-se à conclusão de que o acréscimo de vogais ao fonema trabalhado podia escurecer e clarear os sons, ou seja, a vogal [u] ajudava a dar ao som a sensação de grave, ao passo que a vogal [i] ajudava a dar a sensação de agudo. As vogais não deviam ser cantadas, mas serviam para manipular o formato e a abertura da boca a fim de que a qualidade sonora do fonema mudasse de acordo com a referência da vogal. Após alguns momentos de experimentação, os sons foram registrados em gravador, para que os cantores pudessem ouvir e discutir o resultado.

Além desses sons, havia ainda os da segunda parte de "Der Nordwind" (Mellnäs) explorados com base nas indicações do compositor (lateral, dental, palatal e bilabial). Observou-se que era preciso trabalhar as possibilidades sonoras dos fonemas e a maneira de produzi-los para que o grupo pudesse aplicá-los à música.

Somente depois deste trabalho de pesquisa sonora, a partitura foi apresentada ao grupo. No entanto, e a despeito do cuidado que se tomara na preparação dos cantores em relação à proposta, a observação da partitura causou estranhamento. Ao pedir para identificarem nela elementos de escrita musical que lhes fossem familiares, os cantores reconheceram apenas os símbolos musicais utilizados na escrita convencional.

O passo seguinte foi trabalhar o poema em alemão. As crianças, não habituadas a esse idioma, encontraram bastante dificuldade na pronúncia do fonema [r], tal como é usualmente pronunciado em alemão com a parte da frente da língua. Na frase Der Nordwind, *der Nordwind der bringt Regen* (O vento norte, o vento norte traz chuva), a consoante [r] aparece várias vezes, obrigando o grupo a usar os músculos da face de maneira intensa, o que era extremamente difícil para ele.

Após o trabalho com a sonoridade da língua alemã, outro elemento ainda necessitava ser desenvolvido – a técnica do *Sprechgesang*, pois havia indicação do compositor para que ela fosse utilizada no momento da declamação do poema. Esse tratamento vocal que combina fala e canto era desconhecido do grupo. As tentativas individuais tendiam para o canto ou para a fala, separado das duas emissões. No entanto, o que se buscava era a não predominância de uma delas sobre a outra.

Concluiu-se que a peça apresentava muitos elementos, desconhecidos pelo grupo. Eram vários os níveis de dificuldade enfrentados pelos cantores, compreensão da técnica do *Sprechgesang*, trabalho com fonemas, e decodificação dos sinais gráficos usados na notação. Em razão disso e do cansaço e desmotivação do grupo diante dos problemas, decidiu-se abandonar momentaneamente a peça e buscar outros recursos, que levassem o grupo a vivenciar propostas com a música contemporânea.

Em vista do que se constatou, pode-se dizer que a opção de se ter iniciado os trabalhos com "Der Nordwind" não foi adequada, pois o grupo, não habituado àquelas propostas vocais, demonstrava que não havia compartilhamento do código, o que impedia a comunicação. A obra então, inicialmente concebida como a primeira peça do repertório a ser trabalhado, passou a ser considerada meta e meio de avaliar a efetividade ou não das experiências vividas.

Após longa reflexão com base nos primeiros resultados, chegou-se à conclusão de que, para que as expressões sonoras, até então desconhecidas, passassem a ter sentido para o grupo, fazia-se necessário que as obras musicais apresentadas contivessem, em sua construção, apenas alguns poucos elementos inovadores da linguagem musical, pois isso possibilitaria ao grupo compreender e acompanhar as propostas dos compositores em suas composições.

Foi só depois dessa experiência frustrante relatada é que se percebeu a importância de se explorar de maneira gradativa os novos elementos musicais, gráficos e técnicas, próprios desse tipo de repertório de maneira que cada um deles se tornasse parte do código conhecido pelos alunos. Daí em diante, adotou-se outra maneira de trabalhar, em que os elementos eram apresentados em separado, de forma clara, por meio de criteriosa escolha de obras, para que, paulatinamente, fossem associados a outros elementos, já conhecidos pelo grupo. Esse procedimento permitiu que o coro tivesse tempo suficiente para assimilar e reunir cada elemento apresentado.

Durante os exercícios iniciais, verificou-se ainda duas dificuldades: o *cluster*, embora já trabalhado no grupo, apresentava, ainda, dificuldades no que se referia à sustentação dos sons; os *glissandos*, como ainda não haviam sido praticados, teriam de ser construídos gradativamente.

Repertório selecionado

Acreditava-se que selecionando peças com apenas um determinado procedimento, usual no repertório contemporâneo, de cada vez, e fazendo o coro, gradualmente, tomar contato com eles, poder-se-ia trabalhar com diversos parâmetros concomitantemente, sobrepondo-os uns aos outros.

Optou-se, então, pela seguinte organização:

- seleção das obras: o processo de escolha das peças foi o de partir de músicas inseridas no sistema tonal e dele se distanciar gradativamente, possibilitando a experiência com outras modalidades de organização musical.
- verificação do grau de assimilação do sistema tonal pelo grupo e apresentação de aspectos musicais até então deles desconhecidos, por meio da exploração corporal, vocal e de invenção. Para esta fase, o apoio foi procurado no livro de Guy Reibel, *Jeux Musicaux* (1984).
- aplicação dos exercícios propostos por Reibel, verificação de sua eficácia e elaboração de novas práticas.
- aproximação do Grupo CantorIA da música eletroacústica, por meio de apresentação de slides armazenados em CD-Rom elaborado especificamente para esse fim, em que o coro participasse de atividades de escuta.

Da aplicação desses critérios surgiu uma lista de obras, a seguir apresentada; cada uma das peças aborda, especificamente, uma questão considerada importante nesse processo de introdução gradativa de elementos da música contemporânea na prática do Grupo CantorIA.

Quadro 5 — Lista das obras selecionadas para a pesquisa

Compositor	Obra	Características
Kodály, Zoltán	"Volt nekëm ëgy kecském"	Escala pentatônica
Fonterrada, Marisa	"O cachorro vira-lata" (2004)	Harmonias de 4ª e mudanças frequentes de compasso.
Ligeti, Gyorgy	"Gomb, gomb", "Die Bommel – Pom-pom"	Escala modal.
Cardoso, Lindembergue	"O navio pirata"	Combinação de coloração tonal e não tonal, efeitos vocais e tríades maiores e menores, sussurro, grito, *glissando*.
Ligeti, Gyorgy	"Frauenkklatsch" – "Pletykázó asszonyok" – "Tittle-talle"	*Cluster*, escala modal
Mario Alfaro Guell	"Seis Oraciones op. 78b – Oracion I"	Fragmentação melódica e notação proporcional
Schafer, Murray	"Snowforms"	*Glissando* e notação gráfica
Schafer, Murray	"Gamelan"	Sonoridade pentatônica, texto sem sentido literário, complexidade rítmica
Bosseur, Jean-Yves	"O bicho alfabeto" – Poema de Paulo Leminski (2005)	Improvisação vocal e trabalho com fonemas, composição específica para a pesquisa
Bosseur, Jean-Yves	"Eu" – Poema de Paulo Leminski (2005)	Improvisação vocal
Cage, John	"The wonderful widow of eighteen springs (1942)"	Restrição melódica e acompanhamento instrumental não usual
Berio, Luciano	"Ballo" (1046-47)	Combinação de texto com e sem sentido literário
Flusser, Victor	"Quand il souffle de l'ouest elles se réfugient à l'est les feuilles tombeés"	Uso da respiração como elemento composicional, ataque e sustentação dos fonemas e notação gráfica
Flusser, Victor	"He! Cést la lune qui a chanté coucou?"	Idem a anterior com o acréscimo de textura granular
Stahner, Klaus e Köhler, Johannes R.	"Sußer Tod" (Doce morte)	*Cluster, glissando*, fala, fala entoada e combinação de notação gráfica e aproximada
Schoenberg, Arnold	"Wenn der schwer Gedruckte Klagt"	Cromatismo e saltos
Berg, Alban	"Der Gluhende" (O Fervoroso) – op. 2 nº 2	Cromatismo, saltos na melodia, acompanhamento instrumental diferente da melodia
Borges, Álvaro	"Pequeno nascer, grande morrer" (2005)	Peça eletroacústica, composição específica para a pesquisa
Rinaldi, Arthur	"Little grey eyes" (2005)	*Cluster*, composição específica para a pesquisa
Mellnäs, Arne	"Der Nordwind"	*Sprechgesang*, trabalho com fonemas, sussurros, ritmo livre

Essas obras foram consideradas adequadas para este estudo, pois atendiam aos critérios já expostos desta pesquisa e eram peças representativas do repertório que se queria trabalhar. Dessa maneira, serviriam de veículo à experiência do trabalho sistemático de expor o Grupo CantorIA ao repertório de música contemporânea. O detalhamento de como foram introduzidas é objeto de estudo do próximo capítulo.

Parte II

A experiência prática

O primeiro passo prático,
em qualquer reforma educacional,
é dar o primeiro passo prático.
Na educação,
fracassos são mais importantes que sucessos.
Nada é mais triste que uma história de sucessos.

(Murray Schafer, *O ouvido pensante*, 1991)

Capítulo 4
"Limpeza de ouvidos"

Após as considerações dos capítulos precedentes a respeito da importância em aproximar o aluno de música da produção de música contemporânea e dos critérios a serem adotados na organização do repertório a ser trabalhado com o grupo, passa-se agora à descrição de como se deu o contato entre este repertório e o Grupo CantorIA.

Por meio da descrição das atividades realizadas e dos resultados colhidos ao longo da pesquisa, será possível seguir o caminho percorrido pelo grupo.

Os comentários a respeito das peças selecionadas para compor o repertório do Grupo CantorIA, nesta pesquisa, têm o objetivo de mostrar ao leitor quais novos conceitos foram apresentados aos cantores, que habilidades e conteúdos musicais foram apresentados, desenvolvidos e trabalhados com o grupo.[1]

Durante todo o trabalho, houve a preocupação em envolver os jovens na preparação e leitura das obras, por isso as partituras serviram como portas abertas ao conhecimento dos cantores.

Antes porém, e conforme comentado no capítulo anterior, a condução do estudo teve início com atividades que permitissem verificar o grau de assimilação do repertório tonal pelo grupo, e averiguar quais procedimentos utilizados na música contemporânea já estavam ou não incorporados à prática do grupo.

---

[1] Adotou-se o critério de utilizar letras para identificar os cantores e números para os monitores, a fim de proteger a identidade real deles.

Primeiras experiências com o repertório proposto

> Ensinar no limite do risco.
> (Murray Schafer, *O ouvido pensante*, 1991)

Para essa apreciação foram escolhidas duas das propostas contidas no livro *Jeux Musicaux*, de Reibel (1984), a fim de que, por meio da atuação do grupo, se pudessem encontrar respostas às questões apresentadas. O objetivo era criar exercícios nos quais fosse possível comparar e avaliar a execução musical em contextos tonal e não tonal.

1 A primeira atividade foi focada em exercícios de deslocamento das linhas melódicas entre as vozes, sem velocidade prefixada e na forma de cânone. As duas melodias das Figuras 10 e 11 serviram para a experiência: a primeira foi extraída das propostas de Reibel (1984) e a segunda foi criada pela pesquisadora (Vertamatti, 2004).

1a) melodia não priorizando centro tonal:

Figura 10 – Melodia não priorizando centro tonal (Reibel).

1b) melodia priorizando centro tonal:

Figura 11 – Melodia priorizando centro tonal (Vertamatti).

Primeiro, pediu-se que a melodia *1a* fosse deslocada livremente, em velocidades variadas, de acordo com a vontade dos cantores, de tal forma que o resultado criado fosse o de uma massa sonora, como mostra o exemplo da Figura 12. Para a execução dessa proposta, foi solicitado a cada cantor que atuasse individualmente.

Ampliando o repertório do coro infantojuvenil

Figura 12 – Melodia não priorizando centro tonal, com deslocamento temporal em velocidades variadas (Reibel).

Em seguida, pediu-se para deslocar a melodia *1b* com velocidades predeterminadas, em forma de cânone, como mostra o exemplo da Figura 13.

Figura 13 – Melodia priorizando centro tonal, com deslocamento em cânone (Vertamatti).

2 A segunda atividade foi direcionada à fragmentação melódica. A primeira melodia, Figura 14, foi extraída do livro de Reibel (1984) e a segunda, Figura 15, escrita pela pesquisadora (Vertamatti, 2004).

2a) melodia em contexto não tonal

Figura 14 – Melodia em contexto não tonal (Reibel).

2b) melodia em contexto tonal

Figura 15 – Melodia em contexto tonal (Vertamatti).

Primeiro, as melodias *2a* e *2b* apresentadas foram cantadas em uníssono, para depois serem divididas em sete pequenos fragmentos contendo dois sons cada um, como mostram as Figuras 16 e 17. O coro foi dividido, então, em dois grupos, que cantaram, cada qual a seu tempo, um trecho da melodia, até que toda ela fosse entoada.

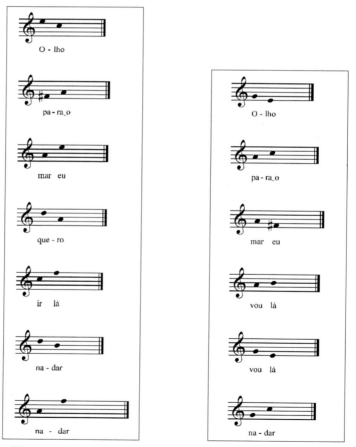

Figura 16 – (1) Fragmentação da melodia não tonal. (2) Fragmentação da melodia tonal.

Esta divisão causava a quebra da direcionalidade melódica, pois os cantores tinham de fazer cesuras a cada dois sons, em decorrência da intervenção do grupo oposto.

A primeira proposta, relacionada ao deslocamento das linhas melódicas entre as vozes, não apresentou dificuldades em ambos os contextos: tonal e não tonal. Concluiu-se que esse tipo de procedimento já fora assimilado pelo grupo. No entanto, os cantores tiveram dificuldade em cantar a melodia entrecortada por silêncios. Com esses simples exercícios, pôde-se constatar que, embora o grupo estivesse acostumado à linearidade melódica, tinha pouca familiaridade com a fragmentação.

Com base nas primeiras experiências, foram selecionados outros exercícios de Reibel (1984), bem como outras atividades específicas, para que o grupo fosse se familiarizando com algumas das propostas da música contemporânea e pudessem compreender as obras dos compositores escolhidas para este estudo.

Música modal e pentatônica

Não há mais professores.
Apenas uma comunidade de aprendizes.
(Murray Schafer, O ouvido pensante, 1991)

As escalas pentatônica e modal estão presentes em muitas músicas étnicas e foram muito utilizadas no blues, no rock e, também, por muitos compositores do século XX, como Claude Debussy, Béla Bartók, Maurice Ravel, Alban Berg. Muitas vezes, os compositores elaboravam um intercâmbio entre escalas pentatônicas e modais.

Harmonicamente a escala pentatônica é limitada por causa da falta de semitons e trítonos e, com frequência, as melodias são de fácil assimilação.

Na apresentação destas escalas ao coro e fazendo, de certa forma, um paralelo com a história da música, iniciou-se a leitura de peças construídas sobre escalas modais e pentatônicas. As sonoridades modal e pentatônica já haviam sido trabalhadas pelo grupo antes da experiência deste trabalho, de modo que este demonstrava familiaridade em relação a essas estruturas, o que lhe trazia, certamente, algum conforto.

Essas peças representaram o primeiro passo em direção a outras sonoridades, ainda desconhecidas do grupo e presentes no repertório escolhido.

"Volt nekëm ëgy kecském"

Trata-se de uma canção folclórica da Hungria com texto húngaro, arranjada para duas vozes, por Zoltán Kodály (1971, arranjo s.d.). É pentatônica, apresentando na melodia somente as notas RÉ, FÁ, SOL, LÁ, DÓ.

O texto conta a história de uma cabra presa no jardim que foi engolida por um lobo, restando apenas seus chifres.

A melodia é dividida entre as duas vozes, inicialmente apresentada pela primeira voz, passando, em seguida, para a segunda, transposta uma 5ª abaixo. As frases são intercaladas pela pergunta *Tudodë?* ("Você sabe"?), que aparece ritmicamente sempre da mesma maneira: 3 colcheias:

Figura 17 – Célula utilizada no texto *Tudodë* (Kodály; publ. 1971, arranjo s.d.).

O movimento por graus conjuntos da melodia seguido das colcheias repetidas é amparado pelo texto, que conta a história seguido da pergunta *Tudodë?* e sugere um diálogo entre quem conta e quem ouve.

Figura 18 – Partitura de "Volt nekëm ëgy kecském" (Kodály; publ. 1971, arranjo s.d.).

A peça foi incluída no repertório por se enquadrar nos critérios técnicos que conduziram a escolha do repertório. Havia, também, outra razão: a peça em questão já era conhecida por uma parte dos cantores, pois fora ensinada por Brigite Rose durante o workshop da Arci, em 2003, já citado no Capítulo 3. A canção serviu de conexão entre a experiência passada, ligada à participação do grupo naquele workshop, e a atual, que trata da apresentação de repertório de música contemporânea aos cantores. Embora o texto fosse em húngaro, o grupo já havia sido exposto a ele por Brigite Rose, de modo que a sonoridade da língua naquela canção já lhe era familiar. Intencionalmente, a pesquisadora decidiu iniciar o trabalho com peças em idioma estrangeiro, provocando a incursão do grupo em línguas que ainda não eram conhecidas, como o alemão ou o húngaro, incentivando o interesse dos cantores por novas sonoridades, o que era relevante para a pesquisa. Acrescente-se que, no caso desta canção, em especial, o fato de a melodia ser de fácil assimilação e de ter agradado os cantores desde a experiência anterior, com a regente francesa, facilitou o aprendizado do texto.

"O cachorro vira-lata"

A canção foi criada por Fonterrada (2004), especificamente para este trabalho e é inspirada em um poema constante do livro *Cantigas por um passarinho à toa*, de Manoel de Barros (2003). A personagem – o passarinho – expressa em seus poemas sua visão de mundo, bastante diferente da de um ser humano. Nesta, em especial, o passarinho relata as dificuldades de um cachorro para entrar em uma lata. A peça é a três vozes. Caracteriza-se pelo paralelismo de 4ª e pelas mudanças contínuas de compasso 3/8, 4/8 e 5/8, em razão da acentuação tônica do texto. A canção é formada por uma melodia apresentada pela segunda voz, que utiliza apenas cinco sons, FÁ, SOL, LÁ, DÓ, RÉ, sendo SOL a sua *finalis* e FÁ, sua sensível modal. A mesma ideia é transposta para as outras vozes 4ª acima (com *finalis* em DÓ) e 4ª abaixo (com *finalis* em RÉ), produzindo acordes com sobreposição de 4ª e deslocamento da nota de repouso para três regiões diferentes. O texto, bastante instigante, possibilita trabalhar com a imaginação das crianças, como é possível observar a seguir, além de adequar-se muito bem à população do CantorIA, de faixa etária entre sete e dezoito anos.

Figura 19 – Trecho de "O cachorro vira-lata" (Fonterrada, 2004).

Os motivos de sua inclusão no repertório foram, justamente, os apontados no comentário, a saber: as mudanças contínuas de compasso, a melodia pentatônica e, sobretudo, os acordes por sobreposição de 4ª, conduzidos paralelamente. O movimento paralelo de duas ou mais linhas musicais e mesmo de acordes foi muito empregado por Debussy, assim como foi frequente o uso de acordes com sobreposição de 4ª por esse e outros por compositores do século XX.

"Gomb, gomb"[2]

É uma composição de György Ligeti (1955), para coro *a cappella*, a duas vozes, com texto folclórico tradicional húngaro, adaptado para a canção. A melodia é apresentada na primeira voz, acompanhada por um *ostinato* de colcheias, na 2ª. O *ostinato* tem estreita relação com o texto, provavelmente sugerindo o balanço dos pompons pendurados em um casaco. Sobre este *ostinato*, desenrola-se a melodia da 1ª voz, no modo de SOL (jônico transposto).

---

2 De canções de Mátraszentimrei n.3.

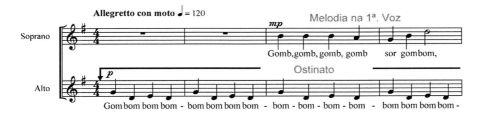

Figura 20 — Trecho inicial de "Gomb, gomb" (Ligeti, 1955; publ. 1984).

A partir do compasso 20 e até o 32, as funções são invertidas, passando a melodia para a segunda voz, agora transposta para DÓ.

Figura 21 – Continução de "Gomb, gomb" (Ligeti, 1955; publ. 1984).

Após pequena transição, nos compassos 33 a 36, as vozes retomam a formação inicial. No compasso 49, é iniciada a *Coda*, com fragmentos da melodia e do *ostinato*. No compasso 59, as duas vozes terminam em SOL, porém o autor estende-se por mais dois compassos, movimentando-se, então, em direção ao MI, onde faz a cadência final. Esta forma de abordagem, ou seja, de usar um sistema de organização melódica ou harmônica sem a intenção de se manter fiel às regras daquele sistema, mas transformá-lo e adequá-lo à composição, é comum em muitas obras contemporâneas.

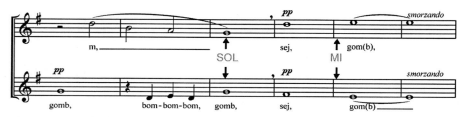

Figura 22 – Trecho final de "Gomb, gomb" (Ligeti, 1955; publ. 1984).

O texto diz aproximadamente o seguinte:

> Pompon, Pompon, Pompon pequeno
> dependurado na minha jaqueta
> trinta e três fileiras de pompons;
> hei, rosinha bonita, quer uma?
> hei, rosinha bonita, quer te dar alegria
> como papel colorido enfeitado, assim eu gosto da minha menina
> pálidas as maçãs do rosto
> hei, acariciá-la me dá prazer
> acariciá-la, beijá-la me dá prazer
> pompon, pompon, pompon pequeno
> dependurado na minha jaqueta
> trinta e três fileiras de pompons
> hei, rosinha bonita, quer uma?
> hei, rosinha bonita, quer te dar alegria.[3]

---

[3] Tradução feita por Luis Stancato.

"Gomb, gomb" foi selecionada por seu caráter modal, sonoridade do movimento cadencial do final da peça, diferente da expectativa tonal, fazendo os ouvidos dos cantores se habituarem a colorações variadas. O texto, em húngaro, é bem mais extenso do que o utilizado na canção anterior, *Volt nekëm ëgy kecském* de Kodály. O *ostinato*, que ocorre durante um espaço longo de tempo, exige do trabalho vocal técnicas e estratégias específicas, que auxiliem o coro e o regente a manter a afinação.

"Gamelan"

De autoria de Murray Schafer (1979), trata-se de uma composição a quatro vozes, para qualquer formação vocal. O material básico sobre o qual o autor compõe é a escala pentatônica balinesa, DÓ, RÉ, FÁ, SOL, SIb. O texto é onomatopaico: *dong, deng, dung, dang, ding*, correspondendo, cada um desses fonemas, a cada altura dessa escala. Assim, a nota DÓ é representada por *dong*, RÉ, por *deng*, FÁ, por *dung*, SOL, por *dang* e SIb, por *ding*. Schafer pede que a sonoridade seja buscada pelo coro, que deve ser próxima a uma orquestra de gamelão, conjunto instrumental típico da música de Bali. O compositor explora o ataque e a sustentação dos fonemas utilizados, combinando o caráter percussivo e ressonante dos fonemas, tendo como referência a sonoridade dos instrumentos dos conjuntos de gamelão. O ataque da consoante [d] sugere o ataque dos instrumentos e o [ng], a reverberação de um gongo ou idiofone. Há, ainda, na partitura, orientação específica do autor no que se refere à pronúncia das vogais, muito mais próximas do português do que do inglês. Elas fornecem, como o próprio compositor explica, a coloração aguda e grave semelhante aos instrumentos, porém, se mantidas por longo tempo, descaracterizam a qualidade de ataque-reverberação da sonoridade. As vogais sugerem o movimento ascendente da escala.

Pode-se, também, notar que o início da obra é formado por tons mais escuros, com as vogais [o], [e] e [u]. A partir do compasso 12, a vogal [a] é introduzida, associada a uma mudança de registro e, somente a partir do compasso 13 é que a vogal [i], vogal da projeção,[4] aparece. Sua presença será mais intensa a partir do compasso 19, trecho em que as vozes superiores caminham para alturas mais agudas. A música ganha mais movimentação e a dinâmica mostra-se mais variada.

---

4 O que faz a vogal [i] ser distinta acusticamente é a posição alta da língua, em que a ponta desta toca os dentes inferiores, ao mesmo tempo que sua parte central é elevada, formando um arco. Isso faz que se forme um tubo que projeta o som para a frente, na cavidade de ressonância frontal, ao invés de projetar o som para trás (Miller, 1936, p.71-2). Além disso, a vogal [i] tem dois formantes: o grave e o agudo.

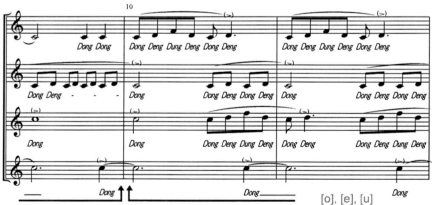

Figura 23 – Trecho inicial de "Gamelan" (Schafer, 1979; publ. 1980).

Ampliando o repertório do coro infantojuvenil

Figura 24 – Continuação de "Gamelan" (Schafer, 1979; publ. 1980).

A peça é um grande diálogo entre os quatro grupos, em que ora se imitam uns aos outros, ora se contrapõem. Há momentos contrapontísticos, em que o processo de imitação é utilizado, e outros, homofônicos, em que os eventos sonoros ocorrem de maneira simultânea. Ritmicamente, há uso de polirritmias e acentos diferentes entre as vozes, o que torna a peça bastante complexa, para o que, também, contribui o uso que o compositor faz de células repetidas, que se transformam melódica e ritmicamente, gerando articulações e acentuações diferentes.

Figura 25 – "Gamelan", diferentes articulações e acentuações (Schafer, 1979; publ. 1980).

Ampliando o repertório do coro infantojuvenil

Os compassos introdutórios, de 1 a 9, formam um grande pedal em DÓ, que prepara os compassos de 10 a 18, em que a movimentação ganha espaço para entrar na densidade rítmica e melódica dos compassos seguintes.

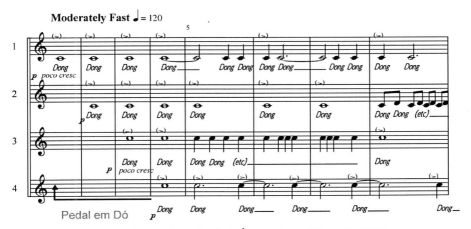

Figura 26 – "Gamelan" (Schafer), pedal de DÓ (Schafer, 1979; publ. 1980).

O uníssono das vozes superiores do compasso 44, repetido por todos os cantores no compasso 47, além de produzir uma articulação entre este trecho e o seguinte, prepara o final da obra, pois a densidade contrapontística cessa para dar lugar à simultaneidade homofônica do próximo trecho. Desta parte em diante, as vozes vão desacelerando, com a sustentação de notas longas, para, no compasso 59, atingir uma grande e súbita mudança de velocidade (*very fast*), que inicia a segunda parte da obra, de caráter predominantemente homofônico.

Figura 27 – "Gamelan", trecho em uníssono (Schafer, 1979; publ. 1980).

Figura 28 – Segunda parte de "Gamelan" (Schafer, 1979; publ. 1980).

A inclusão de "Gamelan" no repertório de pesquisa foi em razão de suas características de complexidade e densidade, exigindo dos cantores escuta e concentração constantes, concomitantemente às ocorrências sonoras. Esses aspectos aliados ao tipo de texto usado exigem racionalidade da escuta. O cantor deve ouvir e entender o que está acontecendo, para poder responder musicalmente de maneira correta. Além disso, a peça é de difícil execução, exigindo trabalho técnico de respiração e apoio vocal, para que seja possível executar os ataques, as sustentações e as articulações silábicas nas velocidades determinadas.

A prática do coro em relação ao repertório modal e pentatônico

As obras citadas neste item foram realizadas com o intento de propor aos cantores outra experiência de escuta que não fosse a sonoridade tonal. A cadência final de "Gomb, gomb" causou certo estranhamento ao grupo, por não ser a cadência usual do sistema tonal, porém não foi necessária nenhuma estratégia específica para que fosse cantada, bastando a prática habitual de ensaio coral, para que se tornasse assimilável. As mudanças de compasso de "O cachorro vira-lata" (Fonterrada, 2004), foram trabalhadas de modo a utilizar o corpo como instrumento de percussão. Por meio de batidas de pé, palmas, coxa e peito, os cantores movimentavam-se pela sala, cantando interiormente suas linhas melódicas. Isso fez que percebessem as mudanças de acentos que ocorriam durante a canção.

Com "Volt nekëm ëgy kecském" (Kodály, 1971, arr. s.d.) e "Gomb, gomb" (Ligeti, 1955), foi possível trabalhar o texto húngaro, levando o grupo a relacionar-se com esse idioma, incomum à prática do coro. Um aspecto interessante desta língua é o som de certas vogais. O som da vogal [a], por exemplo, assemelha-se ao fonema [ó] do português; se acrescida de acento agudo, deve ser pronunciada de maneira aproximada ao [a] do Brasil. O [e] sem acento é próximo ao fonema [é] português, ao passo que, com acento agudo, assemelha-se ao [e] brasileiro. Certas vogais, como [ö] e [u], são próximas às mesmas vogais, nas línguas alemã e francesa. As consoantes, também, têm sons característicos, como o [c], que deve ser pronunciado como [ts] ou [cs], que se pronuncia [tch]. Apesar de o idioma não ser representativo de música contemporânea, muito do repertório selecionado é em idioma estrangeiro ou em sílabas sem sentido literário. As atividades com a língua húngara auxiliaram no caminho em direção à busca da sonoridade individual dos fonemas, que perdurou durante todo o trabalho, à medida que esta busca se mostrou necessária às outras peças trabalhadas nesta pesquisa. Os fonemas podem adquirir sonoridade mais ou menos percussiva, mais ou menos sustentada, ou, mesmo, anasalada, dependendo das consoantes e das vogais empregadas.

As três canções serviram de preparação para "Gamelan" (Schafer, 1975), que contém a sonoridade pentatônica, acentos que variam conforme a combinação rítmica e as sílabas utilizadas por sua sonoridade fonética.

Em "Gamelan", o trabalho se ateve a três aspectos: trabalho com os fonemas, com o ritmo e com a escuta.

O trabalho com os fonemas *dong, deng, dung, dang* e *ding* foi direcionado, de modo que se conseguisse o ataque da consoante [d], seguido de sua reverberação com o fonema [ng]. O instrumento que orientou a busca dessa qualidade sonora foi a escuta. Por meio de exemplos sonoros originais de orquestras de gamelão e da gravação da obra de Schafer, os cantores puderam comparar os registros sonoros e as produções vocais que eles próprios realizavam.

A coloração geral da obra sofre leves alterações de acordo com as organizações rítmicas empregadas pelo compositor, gerando acentuações que se modificam ao longo da peça, levando a uma complexidade rítmica considerável. As células rítmicas foram trabalhadas separadamente para que as acentuações fossem assimiladas e de modo gradativo pudessem ser reunidas às outras.

Esse trabalho aliado ao da escuta fez que o caráter improvisatório da composição, em que as células estão em constante transformação, fosse aos poucos sendo conseguido. É semelhante a um jogo: um dos instrumentistas modifica melódica ou ritmicamente uma célula, enquanto outro responde àquela mudança repetindo, variando ou transformando a célula. Em consequência, os outros instrumentistas reagem da mesma forma. Durante essa ação, alguém decide-se por outra mudança e o ciclo se reinicia. Esse tipo de atuação transparece na composição de Schafer em que não há uma separação clara entre as células ritmo-melódicas ou entre as pequenas partes, exceção feita no final da grande seção quando então inicia o andamento *very fast*.

Fragmentação melódica

> *Não planeje uma filosofia de educação para os outros.*
> *Planeje uma para você mesmo.*
> *Alguns outros podem desejar compartilhá-la com você.*
> (Murray Schafer, O ouvido pensante, 1991)

"Seis oraciones op. 78b – nº1"

A composição de Mario Alfaro Guell (Alfaguell, 1995) tem texto em espanhol, de Sor Maria Romero. É uma peça a duas vozes, em que uma única linha melódica apresenta-se dividida entre ambas. Essa divisão acaba gerando separação de palavras e sílabas, fazendo que tanto o texto quanto a linha melódica relacionada a ele fragmentem-se. Esse procedimento faz o ouvinte perceber a melodia, transmitida, porém, de dois pontos diferentes, onde estão localizados os dois grupos, produzindo um resultado estereofônico.

O compositor adota notação proporcional, ou seja, a duração do som está relacionada à distância entre as notas escritas na pauta. A obra apresenta características semelhantes às do canto gregoriano. No canto gregoriano as melodias são cantadas em uníssono, não havendo predominância de vozes. Alfaguell, ao distribuir a melodia entre os grupos, dá a mesma importância a ambos.

No canto gregoriano o ritmo é livre, sem compasso, pois baseia-se no ritmo e na acentuação de palavras e frases, sempre guardando o sentido expressivo do texto. Nas orações, ocorre o mesmo. Alfaguell, ao utilizar notação proporcional, liberta a melodia da métrica de compasso. As notas, no canto gregoriano, aparecem isoladas[5] ou agrupadas,[6] em estreita relação com o sentido do texto. Alfaguell trabalha de forma semelhante e apresenta notas isoladas, como em *"quiero hablar sólamente com Dios"*, e notas agrupadas em dois, três ou mais sons, como ocorre em *"será este encuentro"*, *"la gracia"*, ou *"perder"*. Esses agrupamentos produzem a movimentação da peça e estão estritamente ligados ao sentido expressivo do texto.

Figura 29 – (a), (b), (c) e (d) Diversos agrupamentos utilizados em "Oraciones I" (Alfaguell, 1995).

---

5 A forma dessas notas era quadrada e recebia o nome de *punctum* (anotações do curso em Detroit com o Fr. Saulnier, monge de Solesmes, em 2001).
6 Esses agrupamentos recebiam o nome de *Neumas* (ibidem).

A composição é uma oração, outro aspecto semelhante ao canto gregoriano, que existe unicamente pela função litúrgica. A oração é um diálogo, conversa, pedido de perdão, manifestação de algo a um ser superior. O texto inicia-se com o desejo da pessoa que ora de falar com Deus. É algo íntimo, e mesmo tímido. Musicalmente, esse clima é traduzido pela repetição da nota SOL, com durações aproximadas. À medida que o texto progride e expressa outras emoções, como a preocupação de estar pronto para o encontro com Deus e em fazer o que é correto, a melodia, que no início se movimenta por graus conjuntos, atinge saltos de 5ª e 4ª, ganha movimentação rítmica e o discurso melódico é acelerado, devendo os cantores entoar maior número de sons em um espaço de tempo semelhante.

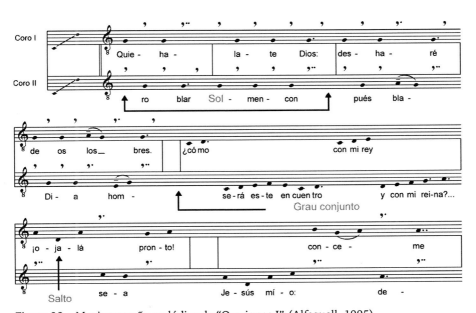

Figura 30 – Movimentação melódica de "Oraciones I" (Alfaguell, 1995).

A obra foi incluída no repertório pelo uso da notação proporcional, tipo de grafia ainda desconhecida pelo grupo àquela época, e do consequente resultado rítmico que produz, ou seja, os impulsos e acentos são determinados pelo texto, e não pelo compasso.

O tipo de melodia, aparentemente estática, mas que guarda relação com o texto, e tem coloração e expressividade próprias, foi outro aspecto que contribuiu para a percepção de sonoridades novas. Há ainda a observar o uso de texto com sentido religioso, único entre as obras selecionadas.

Resta mencionar a fragmentação do texto e da melodia entre as duas vozes, sem que, no entanto, se perca a unidade da ideia textual e musical. Esse modo de estruturação melódica diferia dos arranjos vocais experimentados pelo coro até então, embora seja um recurso bastante utilizado por compositores contemporâneos.

Exercícios com fragmentação melódica

Como foi demonstrado no início deste capítulo, os cantores haviam tido dificuldade em executar uma melodia entrecortada por silêncios, causados por pausas ou pela espera da intervenção de outro grupo, fazendo-se necessária a compreensão desse procedimento.

Para superar esta dificuldade, era necessário que a questão fosse trabalhada em separado. Entre os materiais trazidos da França, havia alguns exercícios de iniciação à polifonia, retirados do livro *Grammaire du chant Choral*, de Joseph Samson (1947) que usava as notas da escala de DÓ Maior distribuídas entre duas vozes, alternadamente.

Figura 31 – Trecho retirado dos exercícios de *Grammaire du chant Choral* (Samson; publ. 1947).

Esses exercícios foram uma espécie de preparação para o aprendizado da fragmentação melódica, encontrada na obra "Seis oraciones" (Alfaguell, 1995). O caminho escolhido foi o de recorrer uma melodia já conhecida pelos integrantes do CantorIA, neste caso, a canção folclórica húngara "Volt nekëm ëgy kecském" (Kodály, 1971, arr. s.d.), e dividir as sílabas de cada palavra entre dois grupos. Foi sugerido a eles que pensassem em um jogo de pingue-pongue e atuassem como se estivessem jogando. O objetivo desse jogo é fazer a bola passar de um lado a outro, sem perder o pulso. As bolinhas imaginárias que pingam de um lado a outro foram representadas pelas sílabas e as raquetes que impulsionam as bolas, pelos grupos que cantam as sílabas. A primeira tentativa não teve o resultado desejado, pois o coro teve dificuldade em acompanhar a melodia da canção. Por vezes os grupos perdiam a vez de atuar, em outras antecipavam a ação. Foi-lhes pedido, então, que começassem a cantar lentamente para, depois, acelerar gradualmente o andamento, até atingir a velocidade rápida. Esse procedimento permitiu que os cantores acompanhassem auditivamente a passagem da melodia de um grupo a outro e pudessem responder às intervenções do grupo oposto rapidamente. Dessa forma, por meio de jogos, a percepção auditiva familiarizava-se com esse tipo de sonoridade. A experiência serviu de suporte para a peça "Oraciones I", de Alfaguell, que utiliza o mesmo procedimento, a saber: uma única melodia, dividida entre dois grupos, com cortes de sílabas e palavras.

Glissandos

> *Para uma criança de cinco anos, arte é vida e vida é arte.*
> *Para uma de seis, vida é vida e arte é arte.*
> (Murray Schafer, O ouvido pensante, 1991)

O trabalho incluiu, ainda, o estudo de *glissandos*. A peça que utiliza efetivamente essa técnica é "Snowforms" (Schafer, 1983).

Schafer criou esta obra observando as diferentes formas que a neve adquiria através da janela de sua casa, em Ontário. A composição é destinada a crianças[7] e utiliza notação gráfica, com letras próximas a linhas e curvas, que representam as alturas a serem entoadas. As vozes devem deslizar ou *glissar*

---

7 "Thus, in the present composition – which is really intended for children to sing, listen to and perhaps draw pictures to – a graphic notation is used ..." (Schafer, "Snowforms", p.1).

de uma nota a outra, em um portamento contínuo, que vai se transformando e adquirindo diferentes colorações, de acordo com as vogais e as palavras empregadas.

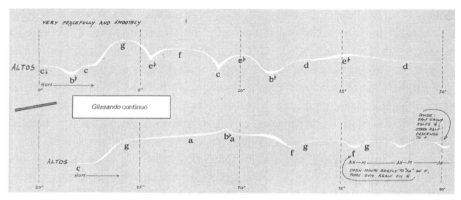

Figura 32 – Trecho de "Snowforms" (Schafer, 1983; publ. 1986).

Há algumas convenções de grafia, explicadas pelo compositor: quando a curva é acentuada, deve-se abandonar o som rapidamente, porém, se a curva for sutil, o *glissando* é mais lento. Quanto mais espessa for a linha ou a curva, mais forte será sua intensidade. A flecha dirigida para cima ou para baixo indica a oitava aguda ou grave. As palavras do texto são no idioma falado pelos inuits, relacionadas à neve. Não há compasso, mas marcação temporal, a cada 5 segundos, indicando a duração de cada trecho.

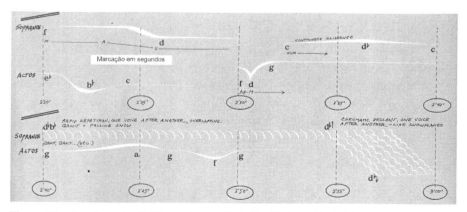

Figura 33 – Continuação de "Snowforms" (Schafer, 1983; publ. 1986).

A peça inicia-se a duas vozes e, no decorrer da composição, cada grupo é subdividido, chegando a um leque de oito notas, quatro para cada voz durante a execução do *cluster*, como pode ser observado no trecho a seguir.

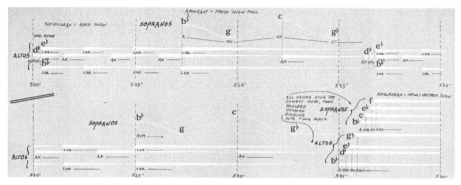

Figura 34 – "Snowforms" – *clusters* (Schafer, 1983; publ. 1986).

Após este trecho bastante denso, as vozes caminham em direção ao uníssono sobre a nota SOL. Este uníssono articula o primeiro trecho ao seguinte, em que as vozes tornam a se dividir em dois grupos. No final da página, último sistema, contralto e soprano entoam a escala pentatônica, que compõe o material básico desta obra.

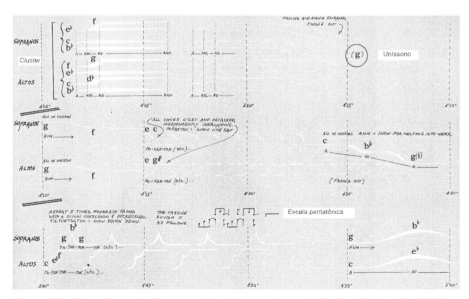

Figura 35 – "Snowforms" – *cluster* em direção ao uníssono (Schafer, 1983; publ. 1986).

A inclusão desta composição no repertório da pesquisa deu-se, primeiro, pelo emprego de notação gráfica, mas, também, por guardar relação estreita entre a grafia e o tema da obra, que é a variação do formato da neve. Da forma que está elaborada, torna o trabalho de leitura bastante prazeroso e fácil, mais concreto para os cantores do grupo, se comparado aos tradicionais métodos de leitura no pentagrama. Os timbres vocais utilizados, bem como o tipo de texto, aliados à densidade, que varia enormemente, são fatores que contribuem para a percepção de novas sonoridades. Por último, o *glissando* permanente da peça era uma dificuldade técnica que necessitava ser desenvolvida pelo grupo.

Exercícios para a compreensão de glissandos *e grafia musical*

Com a finalidade de introduzir a partitura e a sonoridade de "Snowforms" (Schafer, 1983), nessa fase da pesquisa, crianças e jovens do coro foram levadas ao pátio, de onde puderam observar as nuvens, sua forma, cor e movimento. Pretendia-se, com essa proposta, que o grupo encontrasse similaridades e diferenças entre as formas das nuvens e as da neve, entre a sonoridade criada por eles e a utilizada pelo compositor, uma vez que a neve não faz parte do cotidiano do brasileiro. Partindo da observação das nuvens, as crianças fizeram desenhos que, em um segundo momento, foram reproduzidos sonoramente. Os desenhos foram, então, expostos aos colegas, apresentados vocalmente e, em seguida, repetidos por todos.

Pôde-se observar que nem todos os desenhos representaram as formas das nuvens, mas constituíam-se na representação de sua própria imagem, acrescida de outros elementos, como pássaros, árvores, avião e outros, observando-se que esses desenhos tendiam a ser figurativos, descrevendo o que era visto por eles naquele momento.

Em seguida cada cantor expôs o som criado para seu desenho. Notou-se que os desenhos continham mais de um evento gráfico, ao passo que os sons escolhidos para representá-los eram únicos, parecendo não ter relação com a representação gráfica.

Ampliando o repertório do coro infantojuvenil

Desenho 1 – Aluno [A], 16 a.

O aluno [A] representou sonoramente seu desenho, realizando um sopro em intensidade muito fraca, seguido de *crescendo* e *diminuendo*.

Desenho 2 – Aluno [B], 16 a.

O som do aluno [B] foi um grito em *glissando* descendente, produzido em intensidade média forte.

Desenho 3 – Aluno[C], 13 a.

A partir do desenho, o aluno [C] emitiu a vogal [u] com um leve *glissando* ascendente, seguido do fonema [tch], repetido três vezes.

Desenho 4 – Aluno [D], 10 a.

O aluno [D] emitiu rapidamente por três vezes o fonema [s] seguido do fonema [ch], sustentado em intensidade muito fraca.

Desenho 5 – Aluno [E], 15 a.

O aluno [E] elegeu um som cantado, [uó] em uma altura de sua escolha, seguido do fonema [tch], sustentado em intensidade muito fraca.

Desenho 6 – Aluno [F], 14 a.

O aluno [F] antes de apresentar sua criação, perguntou se poderia realizar outro som concomitantemente ao vocal. Enquanto batia dois dedos da mão direita na palma da mão esquerda, a voz emitia o fonema [s] que, ao mexer os lábios, produzia algo semelhante a [siu] repetido várias vezes.

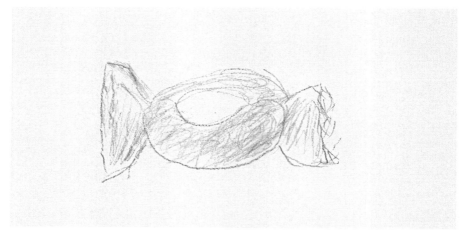

Desenho 7 – Aluno [G], 18 a.

O aluno [G] desenhou um bombom e o som realizado foi semelhante ao de uma pessoa comendo o doce. Começou com o fonema [r] adicionado do som da vogal [ó] em intensidade fraca, seguida de *crescendo*. Inseriu uma pequena cesura para o próximo evento, o movimento de mastigar o bombom. Para representá-lo sonoramente, pronunciou sutilmente o fonema [tch] por duas ou três vezes, seguido de um estouro produzido com a sílaba "pó" em intensidade forte. O coro achou engraçado.

Terminada a apresentação, foi pedido ao grupo para que refletisse a respeito do que havia sido exposto, e dissesse quais tinham sido os elementos comuns entre os sons criados por eles. Notaram, então, que todos os sons haviam sido longos, tranquilos, suaves, fracos e que a maioria deles ocorrera em região grave, com apenas uma exceção, quando um som foi apresentado na região aguda. O grupo acrescentou, ainda, que os sons, quase em sua totalidade, haviam sido sussurrados, utilizando os fonemas [ch], [s] e variações desses sons.

O processo foi registrado em vídeo e pôde-se notar a timidez de muitos dos cantores ao executar a proposta. Na prática coral habitual, prioriza-se o trabalho do naipe como conjunto, com exceção dos solistas. Contrariamente, no tipo de experiência vivida pelo Grupo CantorIA, relatada anteriormente, é valorizada a intervenção individual, o que exige de cada integrante prontidão em atuar, o que, para eles, naquele momento, ainda era bastante difícil.

Após essa experiência de observação e criação de sonoridades, a partitura de "Snowforms" foi, então, distribuída aos cantores. Passou-se para a explicação de que as letras representavam os nomes das notas (A = LÁ, B =

SI, C = DÓ, D = RÉ, E = MI, F = FÁ, G = SOL), o que era desconhecido para o grupo. Perguntou-se ao coro qual a função das linhas e curvas da grafia. Responderam que acreditavam ser para fazer os sons "subirem e descerem", o que denota familiaridade com uma das importantes convenções da grafia musical.

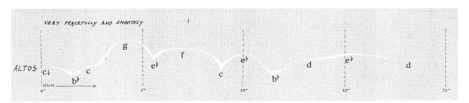

Figura 36 – "Snowforms" – notação gráfica (Schafer, 1983; publ. 1986).

Partiu-se, então, para a primeira tentativa de execução da peça, cantando-a com os nomes das notas. Essa experiência acabou se transformando em um pequeno exercício de percepção de intervalos, pois as crianças tiveram de sentir a distância entre os sons usados para o deslocamento da melodia que se fazia por intervalos.

O passo seguinte foi adicionar os *glissandos* pedidos pelo compositor. Foi explicado que ele pedia para que se deslizasse de uma nota a outra. As crianças tiveram dificuldade em fazê-lo, porque essa maneira de cantar não fazia parte da prática do coro. Detectou-se, então, que era preciso fazer um trabalho específico envolvendo *glissandos* com o grupo, para que seus integrantes pudessem voltar à partitura com capacidade para executar o que estava sendo pedido.

Passou-se, portanto, à escuta da gravação da peça, para que as crianças apreciassem o resultado sonoro do que, para elas, ainda se encontrava em estado rudimentar e, também, para que observassem o que havia em comum entre os sons utilizados em "Snowforms" e os sons das nuvens criados por eles. A esta última questão, responderam que ambas as criações continham sons calmos, tranquilos, *tenutos* e suaves.

A construção dos *glissandos* foi feita da seguinte forma: primeiro foi explicado às crianças que *glissando* é um som que muda de altura constantemente, como o próprio Reibel (1984) afirma.

De acordo com a fenomenologia, as sensações vividas por meio da experiência corporal são guardadas na memória e adquirem novos sentidos em experiências futuras. Essa é, também, a opinião de Reibel. Acreditando nesse pensamento, o conceito de *glissando* foi trabalhado, primeiro, com o corpo, para só depois ser cantado.

Para este trabalho, buscaram-se inicialmente, alguns exercícios[8] que contribuíssem na preparação do movimento do corpo no espaço e na conscientização, por parte de crianças e jovens, da importância dos pés para o equilíbrio corporal. Começou-se pela sensibilização das diferentes partes dos pés. Em seguida, trabalhou-se a elevação do corpo, que deveria ser alongado, buscando o equilíbrio pela distribuição do peso nos pés, e encolhido até tocar o chão, sem, no entanto, jogá-lo para baixo. O corpo então deslizaria para cima e para baixo.

A ideia era pensar em um deslizamento corporal, fazendo-o escorregar para cima e para baixo, envolvendo todo o corpo, sem produzir som algum, como se fosse uma imagem transmitida em câmara lenta. O movimento deveria ser o mais lento possível e deveria abranger todo o espaço, desde as pontas dos pés (com os braços levantados) até o corpo tocar o chão e a velocidade ser mantida do começo ao fim. Os pés controlavam o equilíbrio do corpo, ajudando a manter o movimento contínuo. Em seguida, os cantores tiveram de pensar em um som, escolhido livremente, desde que diferente do som emitido por seu colega. Agora, corpo e voz trabalhariam juntos. O corpo tinha de acompanhar a voz, e a voz, o movimento do corpo. O grupo foi orientado a abranger as regiões grave, média e aguda, enquanto o movimento era feito em toda a extensão possível do espaço.

As crianças e jovens compreenderam o que estava sendo pedido e a resposta à proposta foi bastante satisfatória. Caminhou-se em direção à variação dos *glissandos* vocais. Eles passaram a ser só descendentes, depois ascendentes, na extensão e na região escolhidas por eles, sempre acompanhados do movimento corporal. Em seguida, o movimento ficou restrito apenas ao braço. Outra variação foi a de desenhar no espaço um *glissando* com a mão, decidindo, eles mesmos, a direção a ser tomada: só descendente, só ascendente, misto, lento, rápido. Após fazer seu *glissando*, a criança deveria, em seguida, passá-lo para um de seus companheiros. O companheiro que recebia o som deveria continuá-lo, transformá-lo, passando-o, em seguida, a outro cantor.

O intuito era o de realizar um *glissando* contínuo, passando por todos os integrantes. No entanto, houve cesuras causadas por surpresa, timidez e pela não prontidão de muitas crianças. Após algumas tentativas, pôde-se observar que a maior parte delas conseguiu realizar o movimento do corpo semelhantemente ao caminho do som, concluindo-se que o conceito estava compreendido.

Após este trabalho, as crianças começaram a brincar com os *glissandos* vocais. O exercício era iniciado com a inspiração, seguindo-se o *glissando* vo-

---

8 Esses e outros exercícios fizeram parte do Curso Dalcroze, ministrado por Robert M. Abranson, Daniel Cataneo e pela bailarina Lori Belilove, na Juilliard School, em Nova York, em 2000.

cal, durante a expiração. Depois, cada um escolheu uma velocidade diferente para a expiração em *glissando*.

O passo seguinte foi reger os *glissandos*. Para isso, dividiu-se a sala em dois grupos. A pesquisadora determinou a mão que indicaria os movimentos de cada grupo. O objetivo era fazer movimentos diferentes e opostos entres as mãos: assim, enquanto um dos braços da pesquisadora desenhava um *glissando* ascendente, outro fazia um descendente. Dessa maneira, cada cantor via dois gestos diferentes ocorrendo concomitantemente, com a tarefa de realizar sonoramente apenas um deles, aquele que era dirigido a seu grupo. Simultaneamente, o cantor produzia uma sonoridade enquanto escutava a do outro grupo. Foi dada a oportunidade para que algumas crianças fizessem o papel de regente, a fim de passarem pela experiência de ouvir o resultado sonoro de seus movimentos e refletir a respeito de que maneira poderiam modificá-lo.

Apesar dos resultados positivos com *glissandos*, as peças selecionadas exigiam *glissandos* curtos, *glissandos* acrescidos de dinâmica e ainda *glissandos* que caminhavam em direção ao uníssono. Eles foram trabalhados sempre com o auxílio da imagem do movimento do braço. Passou-se a executar *glissandos* bem curtos, explorando as regiões grave, média e aguda, as intensidadess forte e fraca e os movimentos ascendente e descendente.

Outro exercício foi o de dividir a sala em três grupos. Um deles, o grupo A, sustentava um som, outro, o grupo B realizava apenas *glissandos* ascendentes, a partir do som sustentado pelo grupo A e o último, o grupo C, *glissandos* descendentes, a partir do som sustentado pelo grupo A. Foi estabelecida uma altura para que um dos grupos realizasse o som que deveria ser mantido até o final do jogo. Determinou-se também que as mãos juntas e sobrepostas do regente, no caso a pesquisadora, indicaria o som contínuo; a elevação de um dos braços, um *glissando* ascendente, e a descida do braço, um *glissando* descendente.

Cluster *e efeitos vocais* (parlando, Sprechgesang, *sussurro*)

> *O primeiro ano escolar é um divisor de águas na história da criança: um trauma.*
> (Murray Schafer, O ouvido pensante, 1991)

O *cluster* foi um exercício vocal bastante explorado neste estudo. Ele já havia sido introduzido no grupo, no musical Edu e a orquestra mágica, na cena de abertura, com a música "Uma orquestra do outro mundo" (Fonterrada, 2003).

Cena de Abertura
Uma Orquestra do Outro Mundo

Figura 37 – "Uma orquestra do outro mundo" (Fonterrada, 2003).

No entanto, o coro ainda apresentava dificuldade em sustentar os *clusters* durante muito tempo, bem como em construí-los rapidamente, no decorrer de uma peça. Além disso, não conseguia, ainda, variar a altura dos sons do *cluster* ascendente ou descendentemente e, depois, voltar ao som de partida. Para que isso fosse conseguido, era necessário um trabalho de aprofundamento, voltado, especificamente, para essa técnica e isso será mostrado no decorrer desta exposição.

O *cluster* estava presente em muitas das peças do repertório escolhido.

Süßer Tod *(Doce morte)*

A peça "Süßer Tod" (Doce morte), composta por Klauss Stahmer[9] (1973) a quatro vozes, utiliza *clusters, glissandos,* fala, *Sprechgesang* e canto com métrica e altura determinadas e indeterminadas. O texto, em alemão, é de Johannes R. Köhler. A versão adotada, em português, é da autora desta pesquisa:

> Era uma mosca
> Ah! que pena!
> Caiu em um copo de marmelada
> Bateu, bateu com suas pernas
> Primeiro seis, depois com uma
> E bem mais forte
> com seus braços
> foi na gosmenta lade marme
> e completamente cheia de
> lade morte, lade marme
> entrega-se à própria morte
> Agora ela rígida jazz
> Oh! Pobre marmelada!.

É uma peça satírica, em que o autor conta a história de uma mosca que morre após ter caído em um copo de marmelada, havendo no final uma grande compaixão pela marmelada e não pela morte do inseto. A composição contém vários climas que acompanham os da narrativa. Em cada um deles, o compositor trabalha sonoridades e grafias diferentes. A história começa com o zumbido do inseto, sobreposto por um *cluster*. O *cluster* torna-se denso até desaparecer completamente. Sobre esse *cluster*, a narrativa é iniciada com vários eventos sonoros, em estreita relação com o texto, sobre o aparecimento da mosca que caiu no copo de marmelada. Exemplo disso é a frase "caiu em um copo de marmelada", que o compositor ilustra com *glissandos* descendentes, reforçando a ideia de queda.

Na narrativa são utilizados vários recursos vocais expressivos, como: entonação de alturas fixas, de alturas aproximadas, *parlandos* e *glissandos*.

---

9   Klaus Hinrich Stahmer é musicólogo e compositor alemão.

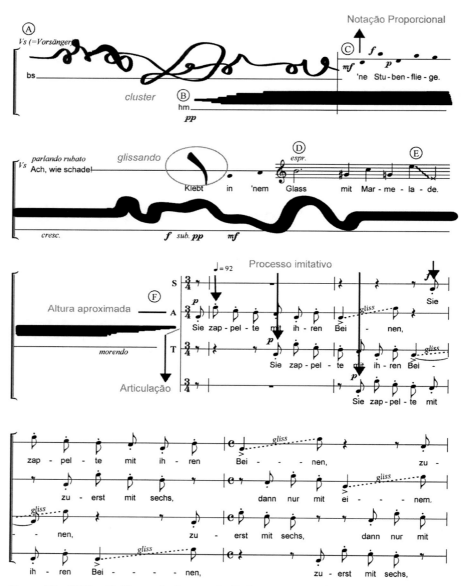

Figura 38 – "Süßer Tod" – emissões vocais (Stahmer, 1973; publ. 1983).

Segue-se a segunda parte, em que é empregado, em processo imitativo, um ritmo preciso, que deve ser cantado com alturas indeterminadas. Este trecho é bastante denso e acompanha os acontecimentos centrais da história: de que forma a mosca caiu na marmelada, primeiro com as pernas e depois com os braços. A peça finaliza com *glissandos* descendentes, reforçando, mais uma vez, a ideia de queda do inseto.

Na terceira parte, que fala sobre a morte da mosca em decorrência de sua queda, o compositor retorna à notação gráfica com *parlandos*, sussurros e *clusters*.

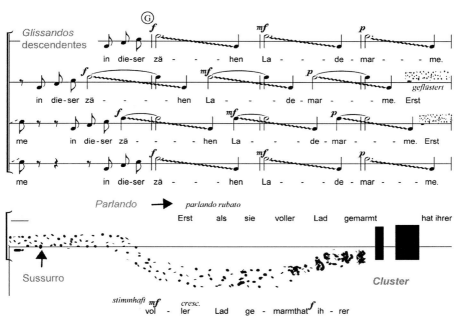

Figura 39 – Trecho final de *Süßer Tod* (Stahmer, 1973; publ. 1983).

Na última parte, o compositor constrói uma *coda* em Mi Maior, com características de marcha fúnebre, simbolizando o enterro do inseto e evidenciando o caráter cômico e satírico do texto.

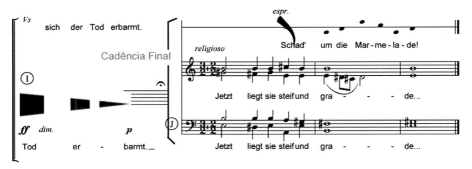

Figura 40 – *Süßer Tod* – Cadência final (Stahmer, 1973; publ. 1983).

Stahmer (1973) empregou vários tipos de emissão vocal: alturas indeterminadas, entoadas em região média, grave ou aguda, de acordo com a disposição das notas em relação à linha, *glissandos* curtos e longos, *clusters* que oscilam e mudam de densidade, com acréscimo ou exclusão de alturas, *cluster* em bloco, *parlando rubato*, sussurros e notas de altura fixa, constituindo-se a obra, dessa maneira, em uma pequena coletânea de possibilidades vocais.

No decorrer da peça, o autor tira partido do texto, pois os diferentes eventos ocorridos na história são valorizados musicalmente. Para cada um deles, o compositor utiliza emissões vocais e notações específicas que ressaltam seu sentido, como o processo imitativo adotado para a parte dramática da história, quando o inseto está caindo, gerando intensa movimentação; outro exemplo são os blocos de *clusters* usados para representar a morte do inseto.

A peça foi selecionada por seu caráter lúdico e cheio de humor e por introduzir vários recursos utilizados pela música contemporânea, tanto na parte gráfica quanto na vocal.

"Pletykázó asszonyok"

O cânone a quatro vozes, "Pletykázó asszonyok", também conhecido por *gossip* [fofoca], é de Gyorgy Ligeti (1952) e o texto, em húngaro, é de autoria de Sándor Weöres; as versões, em alemão e inglês, que aparecem na edição consultada, são, respectivamente, de autoria de H. Schalleh e D. Clayton. Sandor Weöres foi um poeta húngaro, e tinha como característica escrever poemas de fundo filosófico, oculto por trás dos aparentemente inocentes versos infantis.

A melodia utilizada pelo compositor é construída sobre a escala de DÓ mixolídio. O cânone é a quatro vozes, com as entradas das vozes organizadas de modo a formar *clusters*. Esse modo de organização guarda relação com o sentido do texto, que trata da "tagarelice" de mulheres que passam o tempo fofocando, cuja sonoridade Ligeti procura imitar. Uma pessoa que escute essa conversa sem estar nela envolvida, ouve apenas trechos do diálogo, palavras soltas e, por vezes, uma frase inteira. Ligeti retrata musicalmente essa situação. O ouvinte, ao escutar os sucessivos *clusters*, percebe, apenas, uma massa sonora, com sentido textual indiferenciado. À medida que os agudos são introduzidos, em especial o DÓ, de "Ne mondja!", e o MI, de "Hallatlan", cantados em intensidade forte, o ouvinte é levado a focalizar a atenção nesses sons, semelhantemente às frases percebidas em uma conversa apenas entreouvida. As pausas e notas longas podem ser entendidas como o silêncio e as variações de velocidade que se mantêm no diálogo.

Ampliando o repertório do coro infantojuvenil

Figura 41 – "Pletykázó asszonyok" (Ligeti, 1952; publ. 1988).

Figura 42 – "Pletykázó asszonyok" – cânone: montagem das vozes (Ligeti, Vertamatti 2006).

O sentido aproximado do texto é:

> Fofoca
> Tia Jule, Tia Käte, bla bla bla
> estão sempre metidas no canto do sofá
> e contam em competição blábláblá
> eu já te contei bla bla?
> não, ainda não
> mas, blablabla
> escandaloso
> Viu o senhor(a), blablabla
> bla, alguém cortou
> foi rasgado bem no meio, como aconteceu é um mistério
> Sim, blablabla, blábláblá.[10]

A técnica do cânone já era um processo bastante conhecido pelo grupo, porém esta composição trouxe uma novidade, que foi a do cânone com estrutura de *cluster*. A obra apresentou-se como desafio, pois a sustentação do *cluster* sem apoio instrumental, apenas com o apoio vocal das outras vozes, não foi fácil de conseguir. Outro ponto trabalhado foi a sonoridade da escala de DÓ modal (mixolídio), a qual não tem a nota sensível, SIb e, consequentemente, nem sua resolução, mas SIb.

"O navio pirata"

Com a obra "O navio pirata", Lindenberg Cardoso ganhou, em 1979, Menção Honrosa no I Concurso Nacional de Composição para Coro Infantil da Funarte, Rio de Janeiro. É uma composição para três vozes iguais, com texto em português.

A peça é escrita na tonalidade de SOL Maior, que, no entanto, não é conduzida da maneira usual ao discurso tonal. Como já foi dito anteriormente, este aspecto é característico de peças do período enfocado nesta pesquisa, que utilizam um sistema de organização harmônico-melódica, mas, ao invés de seguir suas regras, alargam as possibilidades de emprego, gerando resultados sonoros diferentes do modelo original.

O material composicional é formado pela ideia textual "Ô vassoura! Já lavou o navio?", apresentada de forma motívica. No decorrer da peça, esse motivo é trabalhado de diferentes maneiras, tanto no aspecto melódico quanto no harmônico.

---

10 Tradução de Luis Stancato.

Figura 43 – "O navio pirata", primeiro material composicional (Cardoso, 1979; publ. 1981).

O segundo material, "Vá pra prancha", é formado basicamente por notas repetidas.

Figura 44 – "O navio pirata", segundo material composicional (Cardoso, 1979; publ. 1981).

Ambos os materiais são apresentados separadamente, para depois serem justapostos e sobrepostos.

Quanto ao primeiro material, ele é apresentado em SOL Maior. No fim de sua exposição, antecedendo o segundo elemento, há uma cadência de engano, com movimentação para MI menor, que, claramente, prepara a tonalidade de FÁ Maior, tonalidade principal segundo o material.

Figura 45 – "O navio pirata", apresentação dos materiais (Cardoso, 1979; publ. 1981).

Figura 46 – Continuação de "O navio pirata" (Cardoso, 1979; publ. 1981).

A partir do compasso 20 e, ainda, na tonalidade de FÁ Maior, o primeiro material é reapresentado, agora, em processo imitativo. O segundo material é trabalhado da mesma maneira e, em seguida, ambos são sobrepostos.

Figura 47 – "O navio pirata", incentivo ao processo imitativo (Cardoso, 1979; publ. 1981).

No compasso 50, o motivo inicial é reapresentado em SOL Maior, antecedido pelo acorde de LÁ menor, que, por sua vez, prepara a volta a SOL Maior.

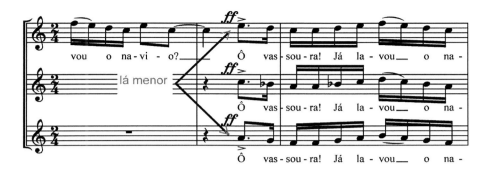

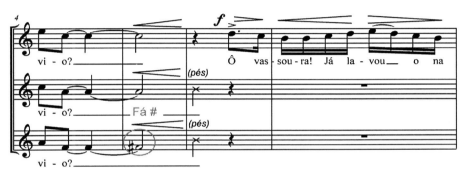

Figura 48 – "O navio pirata", motivo em SOL Maior (Cardoso, 1979; publ. 1981).

Durante a obra, o compositor utiliza-se de alguns efeitos vocais, como estalos de língua, fala e *glissandos*, explorando vários timbres vocais.

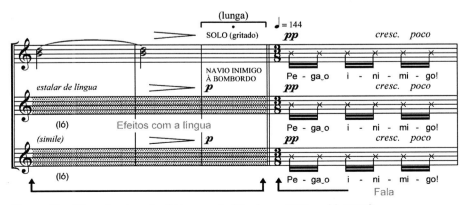

Figura 49 – "O navio pirata", efeitos vocais (Cardoso, 1979; publ. 1981).

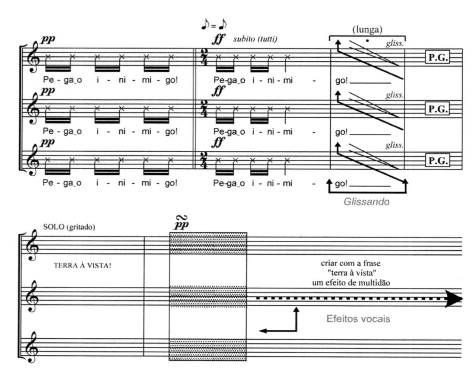

Figura 50 – Continuação de "O navio pirata", efeitos vocais (Cardoso, 1979; publ. 1981).

No trecho final, o motivo inicial retorna, agora cantado em uníssono por todo o coro. Harmonicamente as vozes entoam o acorde de RÉ Maior, produzindo a expectativa auditiva de finalização no tom de SOL Maior. Porém, a resolução não é dada pelo acorde de SOL, mas por um *glissando*, que, curiosamente, satisfaz nossos ouvidos no que diz respeito à resolução, talvez por seu movimento ascendente e crescendo em intensidade. A peça tem características teatrais. Logo de início, há um diálogo introdutório, que prepara a história e fornece informações a respeito do caráter da peça e de como deve ser cantada. Por exemplo, o compositor pede para que a exclamação "Ô... vassoura!" seja gritada. Na transposição do texto para a música, há um *fp* sobre o fonema "Ô", que reforça essa ideia. O mesmo acontece com "Senhor mestre", que o autor pede para ser cantado em *ff*.

Ampliando o repertório do coro infantojuvenil

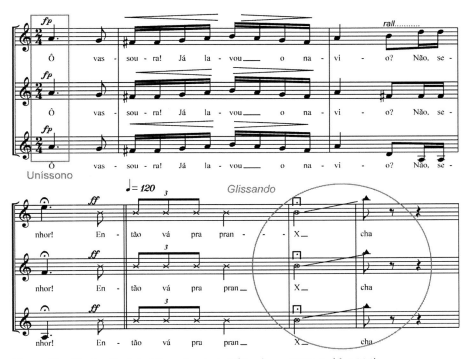

Figura 51 – Trecho final de "O navio pirata" (Cardoso, 1979; publ. 1981).

Em "Então, vá pra prancha" o aspecto imperativo é traduzido musicalmente como repetição, em que o texto e a melodia são cantados diversas vezes, não havendo espaço para uma possível resposta ou intervenção do suposto empregado humilde.

Figura 52 – "O navio pirata", repetição do texto "Então, vá pra prancha" (Cardoso, 1979; publ. 1981).

A cena é interrompida por outro evento, o navio inimigo que se aproxima, roubando a atenção de todos. Esta cena é representada musicalmente da seguinte forma: o processo imitativo é interrompido, a intensidade diminui e o texto cessa. Nesse momento, um dos cantores grita: "Navio inimigo a bombordo". Começa, então, a preocupação da tripulação em se defender do inimigo. Este trecho é falado em uníssono por todos do coro, reforçando a dramaticidade da cena, e é finalizado com um *glissando* descendente, seguido de silêncio. É como se a cena congelasse para que a atenção se volte para o próximo evento, "Terra à vista".

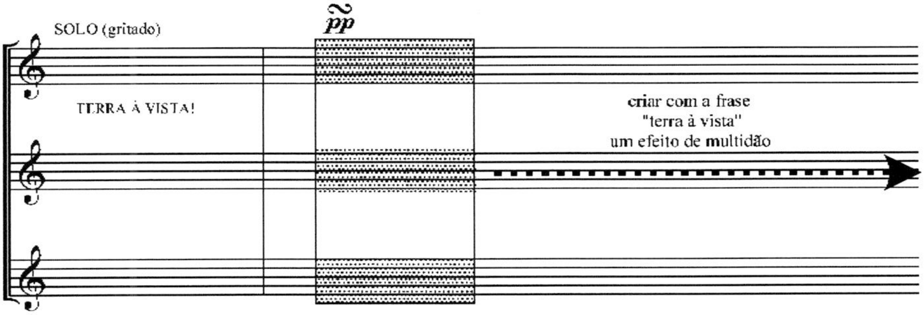

Figura 53 – "O navio pirata", evento "Terra à vista" (Cardoso, 1979; publ. 1981).

A cena inicial retorna, então, com a decisão final do "mestre" de mandar o empregado para "a prancha", expressão que, agora, é cantado por todo o coro em *ff*.

Figura 54 – "O navio pirata", evento "Então, vá pra prancha" (Cardoso, 1979; publ. 1981).

Outro aspecto interessante da peça é que o autor pede para que a afinação seja dada por um dos componentes do coro e não pelo regente, o que corrobora a ideia teatral da obra.

O Navio Pirata
para coro infantil a três vozes

Música e texto de Lindenbergue Cardoso

1o. menino - Ô.. VASSOURA (gritado
2o. menino - SENHOR, MESTRE! (gritado)
1o. menino - JÁ LAVOU O NAVIO?
2o. menino - NÃO; SENHOR... (humildemente)
1o. menino - ENTÃO, VÁ PRA PRANCHA! (imperativo, com vigor)

Afinação: com diapasão  (deve ser feita por um dos meninos)

Figura 55 – "O navio pirata", cena inicial (Cardoso, 1979; publ. 1981).

"O navio pirata" (Cardoso, 1979) entrou para o repertório por vários motivos. Os efeitos vocais empregados pelo compositor contêm algumas das emissões utilizadas nas composições contemporâneas. Essas produções vocais, amparadas pelo aspecto cênico da obra, não só facilita enormemente sua compreensão e execução, como também abre espaço para que outras sejam experimentadas e exploradas. A composição contém várias sonoridades, contrastantes, passa, por exemplo, de acordes tonais para trechos falados, *glissandos*, murmúrios. Isso requer dos cantores prontidão para mudanças repentinas de timbre, densidade, dinâmica e coloração vocal. Além disso, a combinação de acordes tonais e outras sonoridades demanda um trabalho de comparação entre sonoridades tonais e não tonais.

Exercícios para auxiliar na resolução de clusters *e efeitos vocais*

O primeiro exercício relacionado a *clusters* foi: após dispor o grupo em um grande círculo, um dos cantores começava o jogo, entoando uma nota, que tinha de ser sustentada, mesmo que o cantor tivesse de renovar o ar durante sua emissão, para que o som não fosse interrompido. Um segundo cantor, a partir do som emitido pelo primeiro, buscava entoar outro som, diferentemente do de seu colega. O próximo participante entoava mais um som, diferentemente dos dois primeiros e, assim, o jogo prosseguia, até que todos os cantores interviessem. No início, houve muitos sons parecidos ou iguais. À medida que a concentração se instalava e a escuta tornava-se independente, os participantes conseguiam entoar um som diferente do de seu colega, e sustentá-lo. Ao final do jogo, porém, as notas tendiam a se igualar. Os exercícios continuaram até que os cantores adquirissem independência, isto é, até que pudessem ouvir um evento sonoro e realizar outro, simultaneamente. Quando o resultado foi considerado satisfatório, pediu-se ao grupo que ampliasse o âmbito dos *clusters*, abrangendo as regiões grave, média e aguda, de acordo com a extensão vocal de cada um. Após a montagem do *cluster*, o regente interrompia o som, que era retomado, em seguida, por todos os cantores, simultaneamente. Dessa maneira, tendo apresentado os sons em separado, o ouvido familiarizava-se àquela sonoridade, a fim de recuperá-la posteriormente, após a cesura, realizando o *cluster* em bloco.

O passo seguinte no trabalho de trazer sonoridades não muito conhecidas pelo grupo, foi conseguir mudar de altura e continuar a manter a massa sonora do *cluster*. Para isso, foi realizado o seguinte exercício: em círculo, os participantes entoavam um som, cada qual por sua vez; após a intervenção do último cantor, o primeiro, iniciando sua segunda intervenção, escolhia outro som que deveria ser igualmente sustentado; os outros, cada qual a seu tempo, procediam da mesma maneira. Terminada a segunda intervenção, dava-se início à terceira. É importante esclarecer que não era permitido haver cesuras na passagem de um cantor a outro, pois o objetivo era fazer o ouvido acostumar-se às mudanças de coloração. No fim, o som era interrompido para ser, em seguida, retomado. O intuito deste exercício era fazer os cantores adquirirem competência para realizar o *cluster* em bloco.

Empregou-se, também, uma variação do mesmo exercício, em que cada cantor mudava a altura a seu tempo e à sua vontade, gerando assim um efeito semelhante a um "caleidoscópio musical", que se transformava de acordo com as intervenções que então não eram fixas.

Em continuidade a essas propostas, o *cluster* era montado com o acréscimo de sons separadamente e, a cada sinal do regente, como palmas, por exemplo, os cantores mudavam de altura, produzindo, desta vez, o *cluster* em bloco. A sonoridade dirigida pela escuta fazia os "buracos sonoros" serem preenchidos, enquanto a do *cluster* era conseguida. Houve momentos brilhantes e outros de resultado insatisfatório. A autoavaliação do grupo era constante, refletindo-se, a cada momento, a respeito do que havia faltado na execução e o que poderia ser melhorado.

Alguns trechos das obras selecionadas eram cantados, variando as alturas em meio tom, ascendente e descendentemente. Após haver conseguido bons resultados nos exercícios anteriores, não houve dificuldade em realizar *clusters* elevando e abaixando meio tom.

Desafio maior foi atingir o uníssono a partir do *cluster*. Esse procedimento era necessário para a interpretação de algumas peças como "Doce morte" (Stahmer) e "Snowforms" (Schafer), composição comentada no item anterior Criou-se, então, o seguinte exercício: os cantores realizavam o *cluster*, agora em bloco, pois já haviam adquirido essa habilidade, sustentando-o. De acordo com o sinal do regente, mudavam de altura tantas vezes quantas ele pedisse, sempre sustentando o som. A um determinado momento, um som era tocado no piano. Os cantores, após ouvirem esse som, comparavam-no com aquele que cantavam, fazendo-o deslizar, *glissando*, ascendente ou descendentemente, de acordo com a região em que cada cantor se encontrasse em relação ao som tocado. A cada repetição do exercício, o som do piano era modificado.

Por causa da peça "O navio pirata" (Cardoso, 1979), esse mesmo exercício foi expandido. Primeiro, praticou-se a formação de tríades em posição fundamental, a partir de um som qualquer. Assim, dada a nota RÉ, por exemplo, ela era representada pelo número 1 (som fundamental), o FÁ#, pelo número 3 (terça) e o LÁ, pelo número 5 (quinta). Os cantores entoavam esses números, independentemente do naipe a que pertenciam. Na primeira vez que se praticou esse exercício, foi pedido que, formado o primeiro acorde, os cantores andassem livremente pela sala, sustentando o som e ouvindo as mudanças de ressonância que se davam ao se aproximarem da parede, deitarem no chão, passarem por um colega que entoava um som diferente, enfim, que explorassem intensamente o ambiente de ensaio. Uma vez conseguida a sustentação da tríade, iniciaram-se algumas mudanças. O cantor que entoava o som número 1 (som fundamental) passava a entoar o 3 (3ª), quem entoava o 3, passava a entoar o 5 (5ª) e quem cantava o 5, passava a entoar o 1. Após a primeira mudança de posição das alturas, passaram para uma segunda, mudando de 3ª, 5ª, fundamental, para 5ª, 3ª e fundamental. Ao findar esse processo, uma nova altura era dada, para que tudo se repetisse.

Esse exercício foi adicionado ao do *cluster*. Com essa adição, o exercício ficou do seguinte modo:

O grupo realizava o *cluster*, mudava de altura, ouvia o piano e em seguida um *glissando* em direção àquele som. A partir do som do piano, montavam as tríades entoando sua fundamental, 3ª e 5ª, e ao sinal do regente iniciavam as mudanças de posição. Em seguida, transformavam a tríade em *cluster* novamente, sem interromper a sonoridade. A sequência toda era repetida diversas vezes.

Pode-se dizer que *Süßer Tod* (Stahmer, 1973), é um pequeno catálogo de emissões vocais e cada uma delas foi trabalhada separadamente pelo coro. Os *clusters*, embora aqui tivessem uma coloração nova, de modo diferente da encontrada nos exercícios praticados anteriormente e em outras obras estudadas pelo grupo, foram rapidamente compreendidos e executados com facilidade, o que demonstrou que o conceito de *cluster*, em suas múltiplas formas, havia sido dominado pelo grupo. Nesta música, o emprego de um texto de altura não precisa foi a grande novidade para o coro. Os cantores sentiram-se inseguros quanto à sua execução, pois os agudos e os graves são relativos, organizando-se de diferentes maneiras, a partir da altura escolhida para a nota inicial. Por esse motivo, foi necessário elaborar uma série de exercícios que pudessem ajudar os cantores a superar esse obstáculo e executar a proposta do compositor. Assim, cada cantor criou individualmente as melodias para suas linhas e as expôs ao grupo. A cada apresentação, os cantores ouviam cuidadosamente e criticavam o que fora cantado, apontando o que consideravam bom, e o que, segundo sua percepção, deveria ser melhorado. Este trabalho, além de facilitar a execução da obra, teve mais um ganho, pois auxiliou o grupo na execução da técnica do *Sprechgesang*, também de difícil execução para o grupo.

Além dos exercícios já mencionados, em "O navio pirata" (Cardoso,1979) foi preciso desenvolver um trabalho específico com o texto, em razão de seu caráter dramático, que exige uma interpretação teatral. Para que se superasse esse obstáculo, pediu-se aos cantores que expressassem com o corpo, e sobretudo com a face, as emoções pedidas, sem, no entanto, produzir som algum. Foram criadas situações próximas aos jogos dramáticos, em que o protagonista deve expressar o sentido ou a emoção de uma cena com um determinado gesto, entonação vocal, maneira de olhar, ou caminhar. No caso, esse elemento dramático deveria estar presente na execução musical, mas, para que o grupo fosse capaz de dominar essa técnica, era preciso dissociar o elemento dramático da ação musical. Assim, algumas sugestões de cena foram feitas aos cantores, como: "Você está furioso porque sua mãe não o deixou sair com seus amigos", ou "Você está alegre porque tirou nota 10 na escola", ou, ainda, "Você está ferido porque seu namorado rompeu com você", induzindo-os, pela situação hipotética, a expressar sentimentos condizentes com as situações apresentadas, como raiva, fúria, revolta, violência, arrogância, dor, mágoa, tristeza, preocupação, medo, pavor, suspeita, desconfiança, brincadeira, curiosidade, distração, surpresa, paixão, carinho, alegria, felicidade, vaidade, ternura e diversão, entre outros. Em seguida, o mesmo trabalho foi aplicado ao texto"Ô vassoura!, Já lavou o navio? Ô vassoura!", em que se evidencia a relação capitão do navio/grumete, até que o coro conseguisse atingir o nível de emoção necessária para expressar o sentimento de arrogância e poder que a frase expressa.

O trabalho com "O navio pirata" provocou uma reflexão sobre a condução da pesquisa. Cardoso (1979) emprega efeitos vocais ao lado de tríades; esse procedimento dificultou a memorização e a afinação dos acordes, que, muitas vezes, vinham após um trecho falado, sussurrado, seguido ou antecipado por silêncio. Concluiu-se que os exercícios deveriam abarcar esse tipo de abordagem, combinando emissões de altura precisa e outras em que a afinação não era pré-requisito. Um deles foi o exercício já demonstrado em que se combina a produção de *cluster, glissando* e tríade. As atividades com tríades maiores, menores, diminutas e aumentadas permaneceram até o fim da pesquisa.

Outras sonoridades/propostas

> *A proposta antiga: o professor tem a informação; o aluno tem a cabeça vazia.*
> *Objetivo do professor: empurrar a informação para dentro da cabeça vazia do aluno.*
> *Observações: no início, o professor é um bobo; no final, o aluno também.*
> (Murray Schafer, *O ouvido pensante*, 1991)

O repertório deste estudo inclui algumas propostas bastante diferentes das apresentadas até o momento, pois acreditava-se ser importante, também, que compositores como Arnold Schoenberg, Alban Berg, Luciano Berio e Cage fizessem parte do trabalho, ao lado de Zoltán Kodály, Lindenbergue Cardoso e György Ligeti, por serem personalidades expressivas da música contemporânea.

"Wenn der schwer Gedruckte Klagt"

O cânone composto por Arnold Schoenberg (1905) é em idioma alemão, com texto de Wolfgang von Goethe. A peça, de caráter romântico, guarda estruturas tonais, embora o discurso harmônico seja livre. Exemplo disso são os movimentos da sensível FÁ#, caminhando em direção ao SOL, sobretudo no final do cânone. No decorrer da obra, nota-se a presença das notas SIb e SI natural, que dão a impressão de que Schoenberg brinca com duas tonalidades, SOL menor e SOL Maior. Apesar disso, o FÁ# aparece sempre próximo ao SI natural, mas não ao SI bemol, o que reforça a impressão de tonalidade.

Figura 56 – "Wenn der schwer Gedruckte Klagt" (Schoenberg, 1905; publ. 1965).

O cânone contém intervalos de 7ª, 9ª e 2ª, apesar de a linha melódica ser elaborada predominantemente por graus conjuntos.

Figura 57 – "Wenn der schwer Gedruckte Klagt", intervalos entre as vozes (Schoenberg, 1905; publ. 1965).

O sentido do texto é, aproximadamente:

> Quando a tristeza dói,
> O socorro e a esperança falham,
> Continua sempre uma palavra amiga.

A escolha do uso de cromatismo relaciona-se com esse texto, pela analogia com as emoções que ele evoca. Uma melodia cromática pode gerar constantes tensões em virtude da sensação da sensível, que pede por resolução, a qual pode ou não ser resolvida. O texto, ao tratar de tristeza, dor e falta de esperança, que são as tensões da vida do ser humano, que podem ser aliviadas por uma palavra amiga, de conforto, aproxima-se das tensões da música provocada pelo uso do cromatismo.

"Drei Lieder aus 'Der Glühende' – op. 2 nº 2"

De Alban Berg (1909-10), a peça *op. 2 nº 2* é a segunda do ciclo de três canções *op. 2* para voz e piano, "Der Glühende" (O fervoroso), composta em 1909-10. O texto é baseado no poema de Alfred Mombert, cujo sentido aproximado é:

> Dormindo sou carregado para minha terra natal
> Venho de muito longe,
> de além dos cumes e abismos e do mar escuro,
> para a minha terra natal.[11]

É uma obra bastante dramática e densa, como é, igualmente, seu conteúdo poético.

Os acordes do piano são construídos sobre escalas de tons inteiros. Cada acorde é gerado por uma escala. Desse modo, a base do primeiro acorde é a escala de Bb C D E F# (substituído por Gb), G# (substituído por Ab), enquanto a do segundo é Eb F G A B c# (substituído por Db).

---

11 Tradução da autora.

Figura 58 – "Der Gluhende" (Berg, 1909-10), acordes empregados (Berg, 1909-10; publ. 1956).

Os acordes caminham, na maior parte das vezes, por movimentos cromáticos, acompanhados pelo baixo, que se movimenta por 4ª.

Figura 59 – "Der Gluhende", movimentação dos acordes (Berg, 1909-10; publ. 1956).

A voz, inicialmente, apresenta um desenho melódico diferente do empregado no piano, com intervalos de tons inteiros, 4ª, 6ª e semitom.

No compasso 9, a linha vocal apresenta o mesmo perfil melódico instrumental do início da peça. Nesse mesmo compasso, há uma defasagem de uma colcheia entre a voz e o piano, justamente no momento do clímax, que se dá nesse compasso, exatamente na metade da obra.

Figura 60 – "Der Gluhende", defasagem entre voz e piano (Berg, 1909-10; publ. 1956).

Ao final, o piano retoma o perfil apresentado no início, terminando com um pedal em MIb.

Figura 61 – "Der Gluhende", trecho final (Berg, 1909-10; publ. 1956).

A peça foi escolhida por seu cromatismo e pela densidade harmônica. Outro aspecto importante para o estudo é a relação estabelecida entre voz e piano pelo compositor. O instrumento não serve simplesmente de apoio à voz; ao contrário, voz e piano têm vida própria, às vezes caminhando de maneira independente e, em outras, dialogando. Acredita-se que a vivência desse tipo de organização musical seja importante para o desenvolvimento da percepção. Além disso, Berg é um compositor importante na história da música contemporânea, e, por esse motivo, considera-se relevante que seu trabalho musical seja conhecido.

"Ballo"

Luciano Bério (1946-47) talvez tenha sido um dos compositores que mais exploraram as possibilidades de emissão vocal. Essa obra faz parte da série "Folk Songs" (1964-67) composta para a cantora norte-americana Cathy Berberian, esposa do compositor e especialista na interpretação de suas composições.

"Ballo"[12] faz parte das quatro "Canzoni Populari", escritas por Bério. Duas das canções não são melodias folclóricas, mas composições do próprio Bério:

---

12 "Ballo" é um canto italiano rápido (*presto*), de caráter enérgico, alegre, dançado em ritmo regular ternário em compasso 3/8 (Stoianova, 2003, p.36).

"La Donna Ideale" e "Ballo". Originalmente foram escritas para voz e piano (1946-47) e posteriormente, duas das canções "Ballo" e "La Donna Ideale" foram incorporadas no ciclo "Folk Songs" para voz e sete instrumentos (1964) e para voz e orquestra (1973). "Ballo" tem texto em italiano e está escrita em compasso 3/8 e andamento *molto presto*, lembrando uma dança popular antiga. Por ter o caráter de dança folclórica, guarda os padrões melódicos e formais característicos desse tipo de música, ou seja, é predominantemente rítmica, faz uso de repetição e simetria e destaca o aspecto melódico.

Os quatro primeiros compassos que servem de introdução à canção são instrumentais, em que se executa um *ostinato* de semicolcheias, semelhante a um *tremolo*, que permanece durante toda a obra. A voz, iniciada a partir do compasso 5, é de caráter instrumental, e realiza um pedal sobre a nota FÁ, com acentos na nota LÁb.

Figura 62 – "Ballo", trecho inicial (Bério, 1946-47; publ. 1975).

Reforçando a intenção de utilizar a voz como instrumento, o texto escolhido pelo compositor não tem sentido literário explícito e o canto mistura-se à sonoridade instrumental, característica que se mantém até o compasso 16.

No compasso 17, a voz desprende-se do acompanhamento, ganhando identidade própria, e passa a ter a característica de solo acompanhado, adquirindo uma métrica própria, quase livre, assemelhando-se a uma improvisação, em que cada frase é finalizada com floreios. Esse aspecto é acentuado pela grande mudança do registro vocal, que salta uma 7ª, em direção ao MI agudo.

Figura 63 – "Ballo", mudança de registro da voz (Bério, 1946-47; publ. 1975).

O acompanhamento instrumental, em que o baixo caminhava por intervalos melódicos de 5ª e 2ª e depois 5ª e 4ª, passa a realizar intervalos de 5ª, executados simultaneamente.

Figura 64 – 'Ballo", mudança do acompanhamento (Bério, 1946-47; publ. 1975).

O poema italiano antigo, diz aproximadamente o seguinte:

> O homem fica louco por causa do amor,
> mas o amor resiste ao sol,
> ao gelo e a tudo o mais.[13]

---

13 Tradução da autora.

Sua inclusão no repertório deve-se à sonoridade explorada pelo compositor, mas, antes de tudo, por tratar-se de uma obra de Luciano Bério, nome bastante significativo da música contemporânea. Suas composições abriram um leque enorme de possibilidades, a partir do amplo uso que fez da voz.

Acredita-se, neste trabalho com o Grupo CantorIA que, além da prática de novas obras, que inclui a escuta de novas sonoridades é, também, necessário conhecer compositores que se alinharam às propostas de música contemporânea.

"The wonderful widow of eighteen springs"

Apresentando uma proposta diferente das anteriores, esta obra foi composta em 1942 por John Cage, com texto em inglês, e dedicada à cantora Janet Fairbanks. É uma adaptação de um trecho de *Finnegans Wake*, de James Joyce, escrita para voz e piano, em que o acompanhamento, de ritmo complexo, é realizado com o piano fechado. O pianista bate as mãos na tampa de madeira do instrumento como se esta fosse um tambor e não utiliza as teclas.

Figura 65 – "The wonderful widow of eighteen springs" (Cage, 1942; publ. 1961).

A voz entoa uma melodia próxima ao canto gregoriano. O acompanhamento, percussivo e não melódico, faz que o ouvinte dirija a atenção para a voz. A melodia baseia-se em apenas três alturas fixas, SI, LÁ e MI, e sofre sutis modificações rítmicas e variações da sequência melódica. Na primeira parte da peça, cada frase é iniciada e finalizada com a nota SI.

Figura 66 – "The wonderful widow of eighteen springs", início das frases (Cage, 1942; publ. 1961).

No compasso 13, o acompanhamento instrumental é interrompido, articulando a peça com o trecho seguinte. A frase, agora, inicia-se na nota LÁ e a música adquire maior densidade rítmica que o trecho anterior. O acompanhamento realizado pelo piano torna-se mais dinâmico do que anteriormente, com mudanças frequentes de agrupamentos rítmicos e perfil melódico também variado.

Figura 67 – "The wonderful widow of eighteen springs", mudança no acompanhamento (Cage, 1942; publ. 1961).

No compasso 23, há outra articulação, acentuada pelo *ritmando* e *diminuendo* pedidos pelo compositor.

Figura 68 – "The wonderful widow of eighteen springs", trecho final (Cage, 1942; publ. 1961).

Ao final, voz e instrumento tornam-se gradualmente menos densas e o piano adota um movimento constante, semelhante a uma nota pedal. A obra termina com um longo *glissando* vocal de quatro tempos, que se inicia na nota LÁ e desliza em direção ao SI.

Figura 69 – "The wonderful widow of eighteen springs", *glissando* final (Cage, 1942; publ. 1961).

A relevância da peça para a pesquisa está na nova maneira de utilização do instrumento, aspecto característico de composições contemporâneas, fazendo os cantores se habituarem com essa prática. A organização do material melódico com apenas três sons é outro aspecto importante para o trabalho de percepção, pois leva o grupo a tomar consciência de que é possível criar música expresssiva com poucos elementos.

"Haïku – Quand il souffle de l'ouest" e "He! Cést la lune qui a chanté coucou?"

Essas peças fazem parte do conjunto de nove "Haïku" compostos para voz infantil. Os poemas são extratos de "Haïku", de Toger Munier. Flusser (1991) refere-se a essas composições como esboços musicais para vozes infantis. Flusser afirma não se tratar de jogos, mas de partituras e, como tal, devem ser interpretadas com o máximo de rigor. Diz, ainda, que as dificuldades propostas são acessíveis às crianças e por isso devem buscar a "perfeição" (Flusser, 1991).

A primeira das composições, "Quand il souffle de l'ouest", é elaborada sobre o poema

> Quando sopra o vendo do oeste
> Elas se refugiam à leste
> As folhas caem.[14]

---

14 Original francês: *Quand il souffle de l'ouest / elles se réfugient à l'est / les feuilles tombeés.* // (trecho de Munier, R. "Haïku", 1978). Tradução da pesquisadora.

O primeiro material, introduzido no início da peça, pode ser entendido como ruído. A consoante [n] produz uma obstrução desse ruído, resultando em uma pequena articulação. Em seguida ele torna-se mais denso, com as misturas dos fonemas [ch], [sch] e [f].

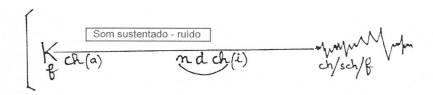

Figura 70 – "Quand il souffle de l'ouest", trecho inical (Flusser, 1991).

O ruído cessa com o ataque [st]. A próxima parte começa com uma inspiração, seguida de ruído, que é, agora, realizado com o fonema [f], produzindo significativa mudança timbrística.

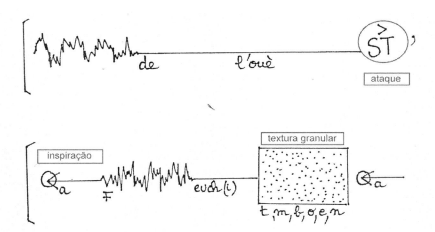

Figura 71 – "Quand il souffle de l'ouest", continuação (Flusser, 1991).

Ainda no mesmo sistema, há um desenho em forma de retângulo, repleto de pontos sonoros. Vocalmente esses pontos devem ser emitidos com os fonemas [t], [m], [b], [o], [e] e [n], todos de curta duração. Cada som tem seu envelope sonoro que consiste em quatro partes: ataque, *decay*, sustentação e extinção. No retângulo de textura granular, é como se só restassem os ataques dos sons, tendo as demais partes do envelope sonoro sido retiradas. Essa sonoridade difere da do ruído e dos sons sustentados, como em [ch], [l'ouè], [l'è].

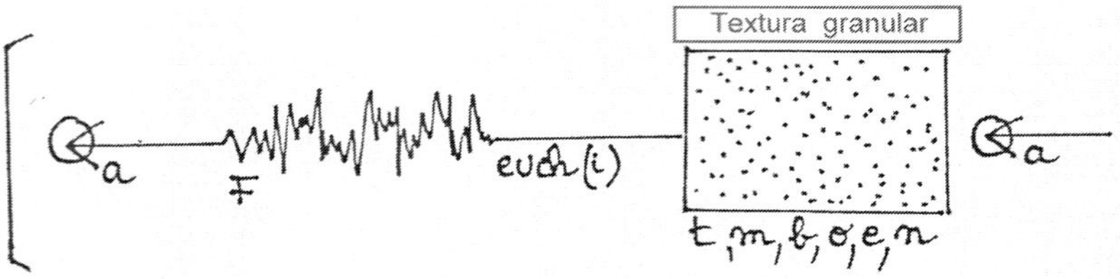

Figura 72 – "Quand il souffle de l'ouest", textura granular (Flusser, 1991).

A notação utilizada é gráfica e aproxima-se do próprio resultado sonoro, como se fosse o desenho do som. Muitas das composições contemporâneas e eletroacústicas usam esse tipo de recurso.

"Haïku - He! Cést la lune qui a chanté coucou?"

O poema da segunda composição é:

Hei! Foi a lua
Que cantou
Coucou?[15]

Nessa composição, como na anterior, Flusser (1991) adota notação gráfica para expressar suas ideias.

O Grupo 1 apresenta 1 evento sonoro, "HÉ, HÉ", de textura granular. O Grupo 2 repete esse evento, com texto diferente e com mais intervenções sonoras.

---

15 Original francês: *He! c'est la lune / qui a chanté / coucou? //* (trecho de Munier, R. "Haïku", 1978). Tradução da pesquisdora.

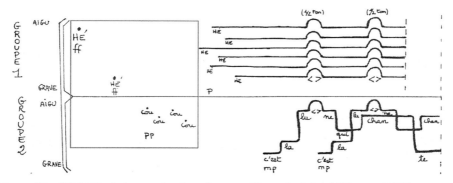

Figura 73 – "He! Cést la lune qui a chanté coucou?", trecho inicial (Flusser, 1991).

Em seguida, o Grupo 1 inicia um *cluster* formado aleatoriamente pelos cantores, em que cada som é sustentado. Durante a sustentação, pequenas elevações e descidas melódicas de meio tom/semitom devem ser realizadas.

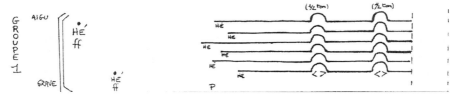

Figura 74 – "He! Cést la lune qui a chanté coucou?", *cluster* (Flusser, 1991).

O Grupo 2 apresenta uma melodia cantada em cânone, por dois solistas. As indicações de movimento ascendente e descendente estão na própria grafia. A melodia mantém nos *clusters* movimentos de semitons ascendentes e descendentes, como as realizadas anteriormente pelo Grupo 1.

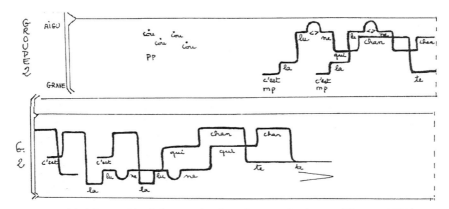

Figura 75 – (1) (2) He! Cést la lune qui a chanté coucou?, cânone (Flusser, 1991).

O Grupo 1 finaliza a peça, repetindo o evento inicial, de textura granular. Desta vez, essa textura é mantida por um tempo mais longo. Durante esse evento, o Grupo 2 entoa vários intervalos de meio tom, ascendentes e descendentes, que lembram os semitons realizados no *cluster* do início da peça. Esse mesmo grupo finaliza a obra com o evento sonoro inicial ("HÉ", "HÉ"), alterando o texto para [cou] [cou] em movimento ascendente, opostamente ao movimento descendente inicial.

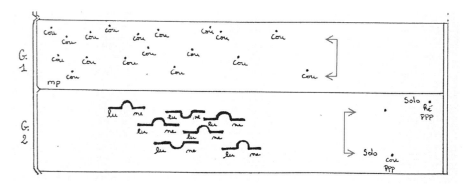

Figura 76 – "He! Cést la lune qui a chanté coucou?", trecho final (Flusser, 1991).

As peças oferecem oportunidade de exploração de diversos tipos de emissão vocal de maneira lúdica, com gradativa introdução de dificuldades, possibilitando a experiência de sonoridades não habituais pelo grupo.

Como o próprio compositor diz, "Haïku" é uma proposta de escuta ativa, em que as crianças são levadas a controlar a qualidade de sua produção sonora, o que as conduz a um trabalho de interpretação detalhado, buscando aproximar o timbre, a improvisação melódica, os *crescendos* e *decrescendos* da ideia do compositor. Partindo dessas composições, as crianças podem aprender modelos de ação, que podem ser aplicados em outras organizações sonoras. "Haïku" pode ser, igualmente, fonte de criação, pois novas composições podem ser escritas a partir das propostas constantes dessa obra.

Exercícios aplicados às composições de Flusser

Antes da leitura da obra, a partitura de "Quand il souffle de l'ouest" (1991) foi apresentada aos cantores, a fim de tentarem descobrir o significado dos sinais empregados. Após discussão coletiva, os códigos foram decifrados.

Com base nesse primeiro contato com a obra, foi pedido ao grupo que tentasse criar algo semelhante com os nomes próprios. Esse tipo de notação gráfica permite uma gama enorme de possibilidades, pois está muito próxima da representação do próprio som e desperta a imaginação e a criatividade dos alunos, como se pode notar nos trabalhos a seguir.

Houve duas experiências de criar composições com os nomes, uma anterior à leitura da obra, e outra posterior. Nas duas situações os cantores criaram representação gráfica e sonora para os nomes.

Desenho 8 – Aluno [H], 15 a.

Desenho 9 – Aluno [I], 16 a.

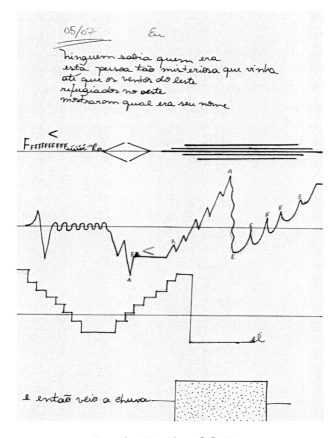

Desenho 10 – Aluno [E], 15 a.

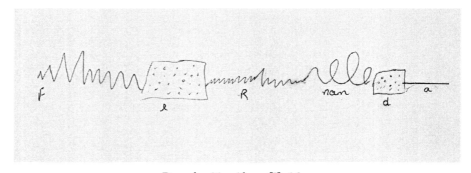

Desenho 11 – Aluno [J], 16 a.

Ampliando o repertório do coro infantojuvenil

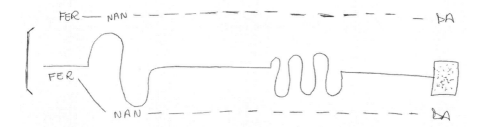

Desenho 12 – Aluno [K], 16 a.

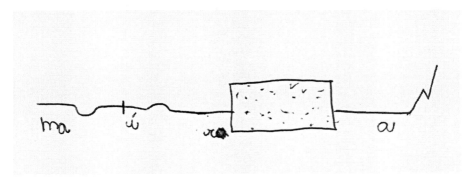

Desenho 13 – Aluno [A], 16 a.

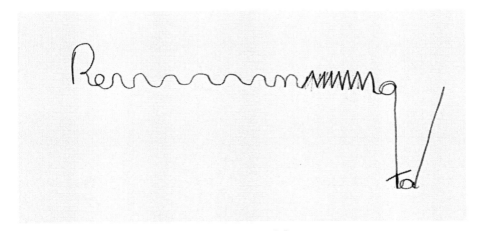

Desenho 14 – Aluno [L], 12 a.

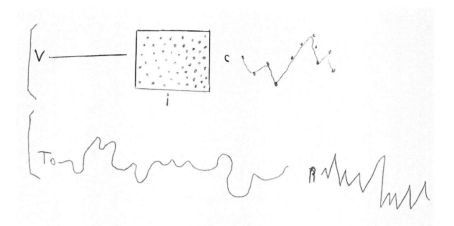

Desenho 15 – Aluno[M], 16 a.

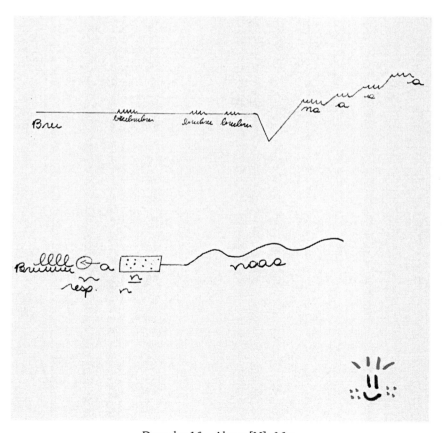

Desenho 16 – Aluno [N], 16 a.

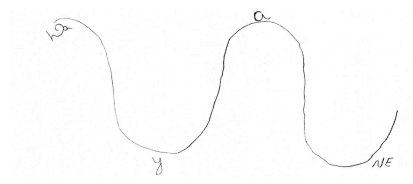

Desenho 17 – Aluno [O], 16 a.

Pelo exame do material, pôde-se constatar a coerência entre o som produzido vocalmente e sua representação gráfica, concluindo-se que o coro compreendera a proposta do compositor.

Duas observações podem ser apontadas. A primeira é que a maior parte das composições, feitas após a leitura da obra, é mais elaborada do que as anteriores. A outra, é a semelhança da notação gráfica criada pelo grupo em ambas as situações e a empregada por Flusser (1991). Esse dado leva a crer que a criança cria com base em um modelo que lhe é apresentado. Posteriormente, esse modelo será modificado, transformado até que outro seja criado. A imitação, dessa maneira, torna-se importante no processo educativo.

Há outra observação, ainda, em relação à atividade de composição com os nomes. Na época em que este trabalho foi realizado, havia crianças novas, que não haviam participado do processo inicial da pesquisa. Examinando alguns dos desenhos desses novos cantores, observa-se que suas criações são diferentes dos outros, pelo número menor de detalhes e pela indecisão no traçado.

Desenho 18 – Aluno [P], 12 a.

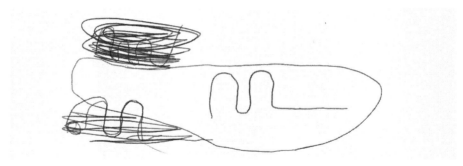

Desenho 19 – Aluno [Q], 12 a.

Por ocasião da preparação dessas peças, em julho de 2005, Flusser encontrava-se no Brasil, e aceitou a ideia de trabalhar uma tarde com o Grupo CantorIA, na preparação de suas obras. Com isso, os jovens e crianças tiveram oportunidade de interagir com o compositor da obra que estavam preparando.

Flusser iniciou com o número 1 de seus nove "Haïku". No primeiro momento ele não disse às crianças como executá-la. Pediu para que seguissem o que iria fazer. Flusser realizou a peça o mais rápido que pôde, surpreendendo as crianças, que estavam desprevenidas. Depois de algumas vezes, o grupo conseguiu acompanhar a velocidade pretendida por ele. Em seguida trabalhou elementos constituintes da peça, como o ruído inicial, a sutil interrupção da consoante [n], o acento de [st], o retângulo com nuvens de pontos, sempre levando os cantores a ouvir o que faziam. Flusser pediu para que procurassem o som que estava ausente ou pouco presente. Ele repetiu o mesmo procedimento ao preparar as outras peças de sua composição, atendo-se, porém, mais demoradamente na primeira. O resultado dessa interação entre coro e compositor foi muito positivo, pois era o próprio compositor que fornecia as explicações de como a obra deveria ser realizada. O grupo participou fazendo perguntas com relação ao sentido do texto, pronúncia e perguntas técnicas de como determinado fonema deveria ser emitido. A compreensão das obras pôde ser notada pelo produto final da interpretação orientada pelo compositor e pelos desenhos de composição realizados pelos cantores.

Composições especialmente encomendadas para este estudo

As próximas obras são composições elaboradas especialmente para o desenvolvimento deste estudo.

"Little grey eyes"

A peça de Arthur Rinaldi (2005) foi composta para coro juvenil, infantil e solista. O texto, em inglês, é uma oração para as crianças dizerem antes de dormir. Alguns elementos composicionais podem ser identificados nessa obra. O primeiro é um *cluster*, que se apresenta de duas maneiras: a) em bloco, produzindo uma massa sonora; e b) com alturas e durações defasadas entre as vozes. Neste elemento, não há texto com sentido literário, mas as vogais [a] e [u]. É empregada notação proporcional. Os *clusters* sofrem ligeiras transformações melódicas e rítmicas a cada aparição.

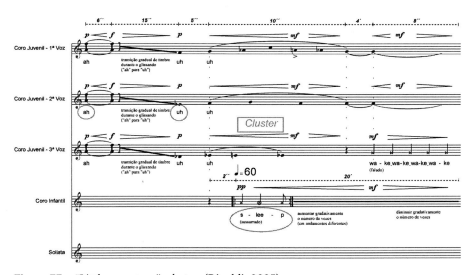

Figura 77 – "Little grey eyes", *clusters* (Rinaldi, 2005).

Os *clusters* são realizados pelo coro juvenil, enquanto o coro infantil sussurra a palavra *sleep*, outro elemento que faz parte da composição. O sussurro também sofre modificações. Às vezes, é apresentado somente com o fonema [s], outras com a frase *watch him sleeping* ou *sleeping*.

Um terceiro elemento é uma linha melódica diatônica, iniciada por grau conjunto, seguido de salto em movimento ascendente e terminando com intervalos em movimento descendente. É apresentada, inicialmente, pela voz solo e, depois, repetida, não de maneira exata, pelas vozes superiores 1 e 2.

Esse perfil melódico começa canonicamente, mas torna-se homofônico a partir da introdução do texto literário "Fly young child". O procedimento deixa a voz superior 1 em evidência.

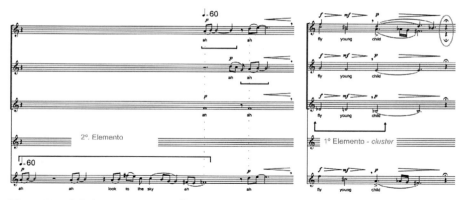

Figura 78 – "Little grey eyes", perfil melódico (Rinaldi, 2005).

A presença de texto literário e a simultaneidade das vozes são aspectos que fazem esse material contrastar com o anterior, de caráter mais contrapontístico e sem texto poético. Outro aspecto, ainda, é que nesse trecho, em decorrência da simultaneidade das vozes, a atenção é voltada para a voz superior. Em relação ao aspecto timbrístico, pode-se dizer que o perfil, agora, se mantém melódico, ao passo que, nos clusters, mostra-se como massa sonora.

No decorrer da composição, os materiais são sobrepostos, a peça torna-se mais densa e os sussurros desaparecem.

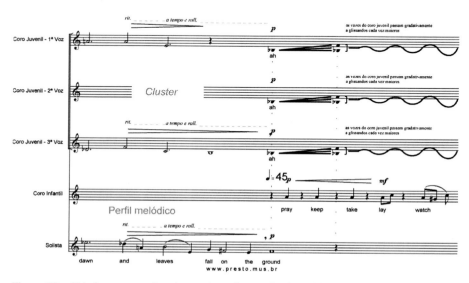

Figura 79 – "Little grey eyes", sobreposição dos perfis (Rinaldi, 2005).

Na última parte da obra, os sussurros retornam, o movimento ascendente inicial de grau conjunto da voz solo é retomado e a oração, em forma de poema, é recitada.

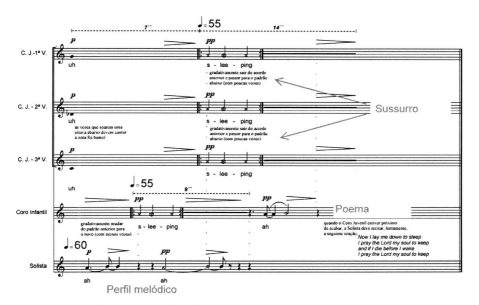

Figura 80 – "Little grey eyes", final (Rinaldi, 2005).

>   Agora eu me deito para dormir
>   Eu oro ao Senhor para cuidar de minha alma
>   E se eu morrer antes de acordar
>   Eu oro ao Senhor para cuidar de minha alma.[16]

A peça, escrita especialmente para este trabalho e para este grupo, não é tonal, contribuindo, dessa maneira, para que o ouvido dos cantores acostumem-se a sonoridades diferentes das tonais, como os *clusters* utilizados pelo compositor.

---

16 Tradução da pesquisadora.

"O bicho alfabeto"

"O bicho alfabeto" é uma proposta musical de Jean-Yves Bosseur (2005) sobre poema de mesmo nome de Paulo Leminski. Segundo a explicação do compositor ela deve ser explorada e trabalhada com o grupo, como em um jogo. O idioma utilizado é o português. Bosseur propõe:

> Dois grupos de participantes (A, B) + um leitor: cada grupo é dirigido por um coordenador que descreve, de preferência, lentamente, um movimento circular com os seus braços (os dois coordenadores são independentes).
>
> Grupo A: os participantes produzem sons cantados, de maneira a obter um acorde compacto, substituindo-se insensivelmente uma vogal à outra; por exemplo, poderíamos imaginar o conjunto seguinte de vogais correspondendo a uma volta de círculo: [a] – [na] – [ai] – [é] –[i] - ou –[u] –[eu] (no entanto, esta lista está ligada à sonoridade da língua francesa; será necessário adaptá-las à da língua portuguesa). Para marcar a passagem a uma outra "cor" de vogal, realizar individualmente um leve *glissando* em direção a outra altura.
>
> Grupo B: atribuir a cada participante uma consoante, ou até mais [do que uma] de modo que todas as consoantes do alfabeto sejam representadas. Cada participante poderá intervir uma vez dentro de cada volta do círculo sugerido pelo coordenador (se ele tem duas consoantes, pode, por exemplo, inscrever a primeira durante a primeira metade do círculo e a segunda, durante a outra porção de círculo). "Enganchar" cada consoante, sublinhada por um ataque brusco — como um *sforzando* seguido de decrescendo —, às sonoridades sustentadas pelo Grupo A, como para aterrar sobre uma nota de seu acorde, adotando a vogal ouvida no momento do ataque da consoante.
>
> A cada volta de círculo, alterar individualmente a colocação das intervenções no tempo.
>
> NARRADOR: a enunciação do título desencadeia o início do jogo. Em seguida, ele pronuncia cada uma das quatro estrofes no interior de uma volta de círculo, indicada por um coordenadores.[17]

O jogo começa com a enunciação do título do poema e termina após todas as consoantes terem sido apresentadas, com sua declamação completa.

---

17 Tradução da autora.

O bicho alfabeto

O Bicho Alfabeto
Tem vinte e três patas
Ou quase
Por onde ela passa
Nascem palavras
E frases
Com frases
Se fazem asas
Palavras
O vento leva
O bicho alfabeto
Passa
Fica o que não se escreve. (Leminski)

Nesta proposta, o compositor busca, no próprio texto, os elementos a serem trabalhados, ou seja, o alfabeto. As vogais são os elementos de sustentação sonora da peça. Ao mesmo tempo, elas possibilitam as mudanças de coloração, dependendo da qualidade vocal clara, escura, aberta e fechada. Contrapondo-se às vogais, as consoantes têm aspecto percussivo. A tradicional marcação de compasso pelo regente, aqui, é substituída por círculos, desenhados no espaço por cada um dos líderes, escolhidos entre os integrantes do coro. Esses círculos passam a ser, então, o espaço de tempo em que os eventos ocorrem, sejam eles vogais ou consoantes.

"*Eu*"

A segunda composição de Jean-Yves Bosseur (2005) selecionada para este estudo – "Eu" – foi, também, elaborada sobre poema de Paulo Leminski. A proposta é a de um grande jogo, e ele só se tornará interessante se todos estiverem atentos e nele atuarem, de fato. A peça vai sendo construída pelos cantores a partir de uma série de regras.

> Cada participante canta uma vez "eu" ou "meu", durante uma longa expiração, com uma altura de sua escolha, se possível, diferente da escolhida por seus parceiros. Os "eu" e "meu" devem estar dispostos como telhas em um telhado, isto é, sobrepostos, ao longo do jogo. Pode-se imaginar transmissões visuais para as intervenções sucessivas.

Além desta trama contínua, há duas outras possibilidades individuais de intervenção:

– executar pequenas fórmulas melódicas de três ou quatro notas sobre as palavras olho, olhos, olha, olhar;

– fazer ouvir, extremamente forte, as palavras *dentro* e *fora*: cada intervenção feita sobre "dentro" deve fundir-se na trama dos sons sustentados sobre "eu" ou "meu"; cada intervenção sobre "fora" deve, ao contrário, soar como ruptura ao que é produzido no momento.

O jogo cantado termina quando um dos participantes introduz, muito distintamente, a palavra *"centro"*. Um leitor pode então fazer ouvir o poema de maneira compreensível.[18]

Eu
Quando olho nos olhos
Sei quando uma pessoa
Está dentro
Ou está por fora
Quem está por fora
Não segura
Um olhar que demora
De dentro de meu centro
Este poema me olha. (Leminski)

A escolha destas duas últimas composições deveu-se à proposta de jogo que carregam, exigindo de cada cantor uma participação ativa e criativa para que o resultado sonoro fosse interessante. Para isso, era necessário que cada cantor criasse e realizasse sua atividade sonora, enquanto ouvia os outros eventos, que ocorriam simultaneamente, de maneira imprevisível, pois a situação muda a cada jogada. Dessa maneira, a concentração e a independência auditiva são exploradas profundamente.

Outro aspecto bastante importante para o estudo é o papel do líder. Nesses jogos, a figura do regente tradicional é substituída pelos próprios cantores. Isso os torna responsáveis pela construção da peça e pelo resultado sonoro que produzem. A proposta permite, ainda, a conscientização da língua e dos fonemas que a constituem, preparando o terreno para outras obras de mesmo cunho.

Os dois jogos musicais criados por esse compositor contêm regras que mais servem de inspiração para a elaboração do plano de execução, do que para

---

18 Tradução da autora.

determinar a maneira exata que deve ser apresentada. Cantores e regentes criam juntos partindo da ideia lançada pelo compositor. À medida que o indivíduo se acostuma aos dados e regras do jogo, a partida torna-se mais interessante. Cada jogo é único, pois depende da atuação de todos os participantes.

Montagem da obra

A primeira experiência de montagem foi com "O bicho alfabeto" (Bosseur, 2005). Em razão de o compositor ter aproveitado o próprio título para elaborar a partitura escrita, as atividades iniciais foram dirigidas à conscientização dos fonemas da língua portuguesa: quais vogais tinham sons abertos, fechados, anasalados, qual a influência do formato dos lábios, da língua e da abertura da boca na sonoridade vocálica. Após a experimentação das possibilidades sonoras, chegou-se a uma sequência de vogais que seria utilizada no jogo.

Com relação às consoantes, discutiu-se com o grupo a melhor maneira de emití-las: em quais delas havia a vibração ou não das pregas vocais, quais eram emitidas com a ação dos lábios, da língua. Embora este estudo não se dedique ao estudo detalhado da fonética, algumas observações a respeito da emissão dos fonemas são necessárias. Assim, destacam-se alguns tipos de consoantes, como as fricativas [s], [ç], [ch], [x], [z], [j], [f], [v], as bilabiais, como [b] e [p], as velares, como [g] e [k], as nasais, [m], [n] e [nh], linguodentais [t], [d], laterais [l], [lh] e as vibrantes [r].

Foram experimentados vários pares de consoantes surdas e sonoras para trabalhar a sonoridade sustentada e sua obstrução, provocada pela consoante surda. Outro exercício foi escolher um par de consoantes e realizá-lo o mais rápido possível em determinada altura e movimentá-lo, ascendente e descendentemente, explorando sempre seu caráter percussivo, oposto ao das vogais.

Em seguida, o coro foi dividido em dois grupos: um, encarregado de produzir os sons das vogais e outro, das consoantes. Foram também escolhidos os cantores designados a desenhar os círculos.

Primeiro, a experiência foi realizada com cada grupo em separado. O grupo das vogais teria de passar por todas as vogais da sequência escolhida no espaço de tempo determinado pelo círculo desenhado por seu líder. A princípio, os sons escolhidos pelos cantores eram muito semelhantes. O resultado procurado era o de uma massa sonora em contínua transformação. Pedimos, então, aos cantores para que escolhessem uma altura e uma velocidade diferente de seu colega. Por fim, por indicação do compositor foram adicionados *glissandos* entre uma vogal e outra.

Depois de trabalhar com o grupo das vogais, passou-se ao das consoantes. Cada cantor desse grupo ficou responsável por uma consoante (devido ao número de participantes, alguns receberam dois fonemas). O jogador tinha de emitir a consoante realçando seu aspecto percussivo e, em seguida, acrescentar a vogal captada pelo ouvido a partir da sonoridade produzida pelo grupo das vogais.

Após os trabalhos individuais a proposta de Bosseur foi montada na íntegra. Depois de algumas tentativas o resultado sonoro foi satisfatório.

Para a outra proposta de Bosseur, "Eu", o trabalho inicial foi concentrado nas sobreposições e justaposições das palavras "Eu" e "Meu". As dificuldades encontradas no começo da experiência foram:

- sustentar a palavra "Eu" ou "Meu" emitindo a mesma altura;
- manter a expiração por um tempo razoavelmente longo;
- escolher o próximo cantor, que daria continuidade ao jogo, antes da própria expiração terminar;
- deixar claro, por meio do olhar, qual era o cantor escolhido; e
- iniciar a emissão vocal antes do cantor anterior interromper o som.

Partindo do primeiro item, foi pedido a cada criança escolher uma nota, como nos exercícios de *clusters* e em seguida sustentá-la. A relação com aqueles exercícios fez que o problema fosse solucionado. A seguir, pediu-se para os cantores, cada um a sua vez, escolherem algum dos colegas e apenas pelo olhar fazê-lo saber que fora escolhido. Juntou-se, então, o som sustentado à ação dos olhares. Em seguida, foram orientados para manter o som até o companheiro iniciar sua intervenção, ao mesmo tempo foi pedido para o participante escolhido iniciar sua ação antes de o colega anterior interromper o som. A imagem utilizada para auxiliá-los foi a de peças de dominó que caem por causa da ação das anteriores ou do movimento corporal, popularmente conhecido como "ola", em que os braços são elevados e abaixados um após o outro. À medida que o grupo praticava, a partida do jogo tornava-se interessante.

As outras intervenções, relativas às fórmulas melódicas de "olho", "olha", "olhos", "olhar", e às palavras "dentro", "fora" e "centro", foram resolvidas rapidamente, pois àquela altura o grupo já havia compreendido o que era jogar musicalmente.

"Pequeno nascer, grande morrer"

Peça eletroacústica mista, para oito cantores e *tape*. A composição baseia-se no texto do próprio compositor "Pequeno nascer, grande morrer" (Borges,

2005), expresso em diferentes idiomas: francês, português, italiano e inglês. Os três primeiros iniciam a frase com a mesma consoante *petit*, pequeno e *piccolo*.

A obra começa com o fonema [p] e o compositor propõe a exploração de seu aspecto percussivo, com sons curtos, secos e sem altura definida, como metáfora da expressão "pequeno nascer", que pode ser entendida como o nascer do evento sonoro, ou como o nascer de uma vida.

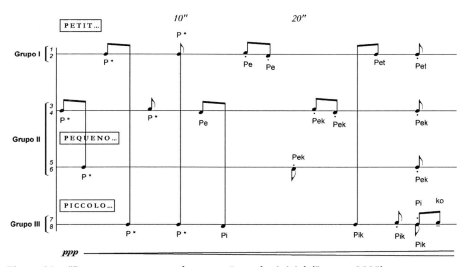

Figura 81 – "Pequeno nascer, grande morrer", trecho inicial (Borges, 2005).

Essas pequenas explosões vão aumentando em quantidade e intensidade, tornando pouco a pouco a obra mais densa.

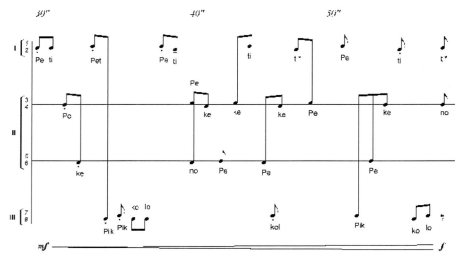

Figura 82 – "Pequeno nascer, grande morrer", continuação (Borges, 2005).

À medida que "petite naissance", "pekeno nascer", "pikolo nascere" e "to be born" vão se tornando compreensíveis, simultaneamente, vão sendo introduzidos sons sustentados, segundo elemento de composição da obra. Esses sons são justapostos, aos percussivos, produzindo dessa maneira dois timbres vocais diferentes.

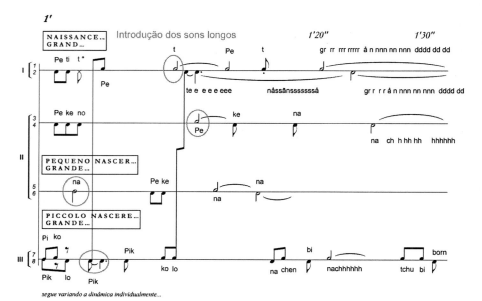

Figura 83 – "Pequeno nascer, grande morrer", introdução de sons longos (Borges, 2005).

Esse trecho pode ser interpretado como a vida que se mostra clara na maturidade, que é, ao mesmo tempo, uma transição para a morte. Assim, os sons sustentados fazem a conexão com os *glissandos* finais, igualmente sustentados e contrastantes aos percussivos, do início da obra.

O final da peça é elaborado com *glissandos* descendentes, terceiro elemento composicional. Esses *glissandos* são apresentados, primeiro, em cada um dos grupos separadamente, para, depois, serem sobrepostos.

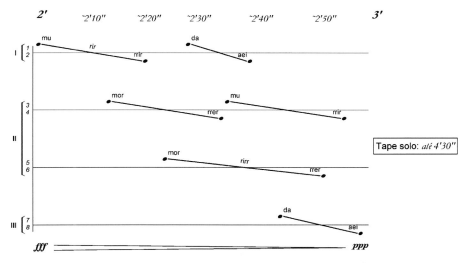

Figura 84 – "Pequeno nascer, grande morrer", *glissandos* (Borges, 2005).

Diferentemente do primeiro material, a textura desse trecho apresenta notas longas, sustentadas e com altura indefinida, elemento que, agora, adquire importância. Gradualmente os *glissandos* vão diminuindo em intensidade e densidade, favorecendo a audição do *tape* e do poema, recitado por um dos cantores: "pequeno nascer, grande morrer"!

Segundo explicações do próprio compositor, a ideia conceitual da obra foi partir da microestrutura, o fonema, para se chegar ao verbo, à palavra, ao poema "Pequeno nascer, grande morrer", declamado ao final da peça.

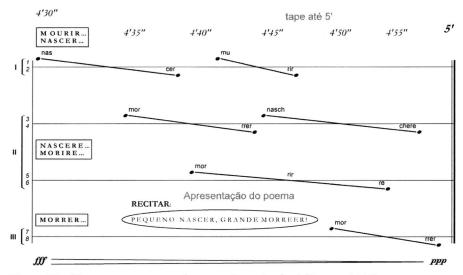

Figura 85 – "Pequeno nascer, grande morrer", trecho final (Borges, 2005).

A obra foi incluída no repertório, por tratar-se de uma peça eletroacústica e, dessa forma, trazer novas maneiras de elaboração do pensamento musical, e de novas sonoridades, com a inclusão de um *tape* como instrumento musical, e da recomendação de utilização do recurso do microfone para voz, por parte do compositor.

Apenas oito cantores participam da execução desta obra. A disposição destes não é a convencional, com o coro no palco, mas colocado ao redor do público. Cada cantor atua diante de um microfone individual. Concomitantemente à voz dos cantores, há um *tape* previamente elaborado que inclui vozes de integrantes do próprio coro. *Tape* e microfones são manipulados pelo operador de som, no momento da execução.

A peça é importante para este estudo pois é a única obra eletroacústica do repertório, tendo sido uma experiência singular para o grupo.

Preparação

Dentro do repertório escolhido, muitas questões de interpretação estavam sendo levantadas e trabalhadas intensamente, no entanto era necessário, ainda, introduzi-los à música eletroacústica. Para isso, foi adotado o seguinte procedimento: a) por meio de *slides* armazenados em CD-Rom especialmente elaborado para essa finalidade, os cantores puderam entrar em contato com alguns dos aparelhos usados pelos compositores nos estúdios de música concreta, eletrônica e a posterior eletroacústica, e com procedimentos utilizados em suas composições; b) puderam ouvir o som de vários tipos de ondas sonoras, ruídos e alguns tratamentos do som, como: filtragem, reverberação, ou *looping;* c) além da audição de trechos de obras importantes, como "Visage" (Bério), "Mesostics" (Cage), "Stimmung" (Stockhausen), foram apresentadas aos cantores fotos de alguns compositores, cujas obras estavam ouvindo: Luciano Bério, John Cage, Flo Menezes, Rodolfo Coelho e Cowell. Riram de algumas, mas observaram que elementos, por eles considerados não musicais, faziam parte da composição musical; exemplo disso foram os ruídos e os sons gerados a partir da manipulação, por meio dos aparelhos geradores de sons. Perceberam que o compositor de música eletroacústica pode agir sobre o ataque, a sustentação e a extinção dos sons e combiná-los com outros, convencionais ou não.

Após a apresentação da música eletroacústica ao coro, iniciou-se o trabalho com "Pequeno nascer, grande morrer" (Borges, 2005).

O início do texto da composição de Álvaro Borges, apenas com os fonemas [p], [q], [t], causou estranheza, mas foi rapidamente compreendido pelo grupo, que achou interessante a ideia do surgimento da frase ao longo da peça.

A preparação da obra depende da criatividade e imaginação vocal dos cantores, pois as indicações de grande parte da ação dos cantores não é fornecida. É intenção do compositor dar liberdade ao intérprete. Neste caso específico, a intervenção da pesquisadora foi fundamental para que o grupo tivesse referência de como atuar.

Outro problema a ser resolvido na preparação do repertório foi o da marcação do tempo em segundos. Para isso foi adotado um dos exercícios indicados por Mabry (2002):

> 1 – Olhar para o cronômetro em movimento durante 5 segundos, relaxando e respirando normalmente durante o processo. Em seguida o tempo deve ser aumentado para 10 e depois para 15 segundos.
> 2 – Olhar para o cronômetro, inspirando pelo nariz e boca durante os 5 primeiros segundos. Em seguida o ar deve ser suspenso por 5 segundos para expirar nos últimos 5 segundos. O exercício deve ser repetido várias vezes para que a sensação de tempo seja interiorizada.
> 3 – Repetir o exercício anterior, desta vez sem olhar para o cronômetro e ao final da ação verificar o tempo corrido (p.71-2).

O compositor esteve presente em vários encontros fornecendo explicação, moldando e adaptando a obra conforme às necessidades apresentadas. O contato direto do compositor com o grupo favoreceu a compreensão de suas ideias composicionais, resultando no envolvimento entre o grupo e a obra.

O conjunto de ações a que se submeteu o coro foi decisivo para o entendimento e a preparação da peça.

Encontros/apresentações

> Ao contrário, uma aula deve ser uma hora de mil descobertas
> Para que isso aconteça,
> professor e aluno devem em primeiro lugar descobrir-se um ao outro.
>
> (Murray Schafer, *O ouvido pensante*, 1991)

Durante o ano de 2005, o grupo foi convidado a participar de dois encontros. O primeiro foi a I Mostra Vocal de Corais Infantojuvenis do Ipiranga (29.10.2005), na Capela do Instituto Maria Imaculada.[19] O segundo foi o I Encontro dos Corais do Instituto de Artes (21.11.2005), na Sala Fúrio do Instituto de Artes da Unesp, organizado pelo professor Vitor Gabriel.[20]

Embora as obras ainda estivessem em fase de preparação, com alguns problemas a serem resolvidos, os concertos serviram para avaliar o que estava incorporado e o que deveria ser trabalhado mais intensamente. O grupo, além de ter contato com outros coros de crianças e de adultos, teve a oportunidade de mostrar o trabalho que estava desenvolvendo.

---

19 Participaram desse encontro os grupos: Coral Infantojuvenil do Instituto Maria Imaculada, Coral Infantojuvenil da Nossa Senhora Auxiliadora e o Grupo CantorIA. As obras apresentadas pelo Grupo CantorIA foram: "Gom, gomb", de György Ligeti (1955), "O navio pirata", de Lindenbergue Cardoso (1979), "Gamelan", de Murray Schafer (1979), "Süßer Tod" (Doce morte), de Klaus Stahmer (1973) e Johannes R. Köhler, "9 Miniaturas pour voix d'enfants nº 1", de Victor Flusser (1991), "Volt nekëm ëgy kecském", de Zoltán Kodály e "O cachorro vira-lata", de Marisa Fonterrada (2004).

20 Participaram desse encontro os grupos: Coral Unesp/Instituto de Artes, Coral de Educação Artística, Coro da Comunidade, Coro de Câmara, CantorIA, Corojão. O grupo CantorIA apresentou: "Süßer Tod" (Doce morte), de Klaus Stahmer e J. Johannes R. Köhler, "Gamelan", de Murray Schafer e "O navio pirata" de Lindenbergue Cardoso.

Últimas experiências

> *Por que são os professores*
> *os únicos que não se matriculam nos seus próprios cursos?*
> (Murray Schafer, O ouvido pensante, 1991)

Após vários e diversos trabalhos realizados com o Grupo CantorIA foram escolhidas duas atividades que possibilitaram uma comparação entre o início do estudo e o resultado alcançado até a fase estabelecida como final da pesquisa: atividade envolvendo composição elaborada pelos cantores e a releitura de "Der nordwind" (Mellnäs, pub.1998).

Composição musical

Na execução desta experiência, todos os cantores dirigiram-se para a frente do prédio do Instituto de Artes e escolheram um lugar em que pudessem observar as nuvens, como se movimentavam, as formas que adquiriam e outros detalhes. Com base nessa observação, tiveram de criar uma forma de grafar o que foi observado e transformar o desenho em som.

Os desenhos criados por eles foram descritivos, assemelhando-se aos elaborados no início da pesquisa, também relacionados às nuvens.

Permanecendo ainda no local, os cantores receberam outra folha. Desta vez, a pesquisadora orientou o grupo a pensar nas experiências musicais que tivera durante todo o ano, a lembrar das músicas e partituras trabalhadas no CantorIA, desde que o repertório contemporâneo fora introduzido, e nelas se inspirasse para criar suas composições. A reação da grande maioria diante da explicação foi de compreensão, exclamando: "Ah é isso!!", como se soubessem exatamente o que iriam fazer.

Embora a proposta fosse parecida com a realizada no início do trabalho com esse repertório, os desenhos foram muito diferentes dos primeiros. Vários deles deixaram de ser descritivos, e outros lembraram as partituras experimentadas durante a pesquisa. Após algum tempo dedicado à observação e representação gráfica das nuvens e sua transposição sonora, os jovens retornaram à sala, para apresentar os resultados ao grupo todo. Ao escutar a proposta sonora de muitos deles, a surpresa da pesquisadora foi grande, pois eram verdadeiras composições. Durante a exposição de suas ideias ao grupo, pôde-se notar coerência de pensamento e criatividade em quase todos os cantores. Além disso, se comparadas às primeiras experiências, observou-se que estas eram peças elaboradas, que envolviam mais de um cantor, ou, mesmo, o coro todo. As representações e depoimentos postos a seguir confirmam esta afirmação.

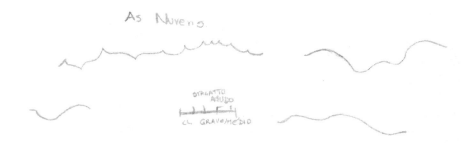

Desenho 20 – Aluno [H], 15 a. Desenho dirigido.

"... uma parte vai ter um *cluster* de graves e médios. Depois, no meio, alguns sons curtos com [ch], que representam a nuvem escura chegando. Tem vários tipos de nuvens que estão se movimentando bem rápido" (Aluno H).

Todo o coro foi incumbido de fazer o *cluster*. A nuvem foi representada por um solista, que entoava uma melodia livre; ao gesto do aluno, o som da nuvem era interrompido pelo *cluster*.

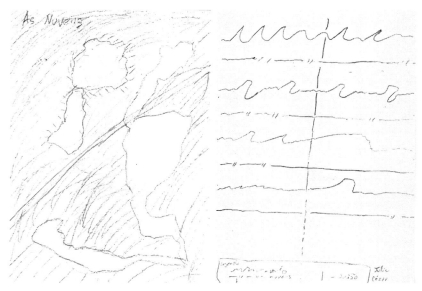

Desenho 21 – Aluno [G], 18 a. (1) Desenho não dirigido. (2) Desenho dirigido.

"Quando observei as nuvens, um avião passou interrompendo a tranquilidade, como que fazendo um buraco no céu" (Aluno G). A grande dúvida desse aluno consistia em como representar sonoramente esse buraco no céu. Algumas sugestões foram dadas, como silêncio, uníssono. O aluno [R] acrescentou que o avião ao passar causa um desequilíbrio. O aluno [B] sugeriu que poderia ser representado por um *cluster*. O aluno [G] gostou da ideia e decidiu que o avião seria representado pelo coro produzindo um *cluster* em intensidade forte, que começava grave e caminhava em direção ao agudo. Para o som das nuvens, ele escolheu um som cantado em intensidade fraca, associado ao do vento, produzido com fonemas sibilantes, uma mistura de "s" com [ch] em *sforzando*.

Desenho 22 – Aluno [R], 15 a. Desenho dirigido.

O aluno [R] começa explicando que sua composição talvez tenha sido a menos complexa, com somente uma voz. As nuvens são passageiras, diz ele, e tentou representar esse fenômeno, mas, segundo sua opinião, não conseguiu.

O exemplo começa com o fonema [ch] e parte para uma melodia em *glissando*, de curta duração.

Desenho 23 – Aluno [L], 12 a. Desenho dirigido.

Esta é uma peça solo. O aluno [L] diz ter tentado representar o movimento da nuvem: "É simples, assim como são as nuvens" (Aluno L).

[L] utilizou dois sons: o fonema [f] e a expiração bem sonora, ambos variando em intensidade.

Desenho 24 – Aluno [S], 11 a. (1) Desenho não dirigido. (2) Desenho dirigido.

O aluno [S] escolheu um *cluster* em bloco, produzido com a vogal [u], seguindo o desenho em direção ao grave ou ao agudo.

Desenho 25 – Aluno [T], 21 a. (1) Desenho não dirigido. (2) Desenho dirigido.

O aluno [T] diz ter tentado representar as ondas das nuvens. Escolheu o *glissando* ascendente e descendente para representar musicalmente as formas das nuvens.

Ampliando o repertório do coro infantojuvenil

Desenho 26 – Aluno [U], 13 a. (1) Desenho não dirigido. (2) Desenho dirigido.

"Eu desenhei os sons das nuvens, do ar, dos pássaros, som do ar batendo nas árvores, que é aquele som abstrato e o som das folhas batendo umas nas outras" (Aluno U).

O aluno [U] escolheu sons sibilantes, como [s], [ch] para começar sua peça, que variavam conforme o tema apontado por ele, e introduziu assobios, representando os pássaros.

Desenho 27 – Aluno [V], 8 a. (1) Desenho não dirigido. (2) Desenho dirigido.

O aluno [V] diz ter feito nuvens, vento como se fosse chover e haver tempestade. Começou com o fonema [tch] em *sforzando*. O fonema [ch] foi repetido diversas vezes sempre com *sforzando*, porém diminuindo a intensidade e a velocidade até desaparecer. A partir da metada da peça, aproximadamente, foram introduzidos assobios. A peça termina em intensidade muito fraca.

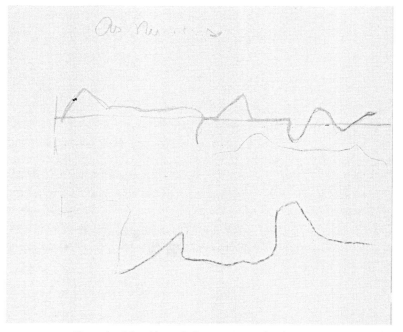

Desenho 28 – Aluno [X], 16 a. Desenho dirigido.

"A primeira parte mostra o movimento das nuvens que é sem sentido nenhum. Uma hora você acha que ela vai aumentar ou diminuir, e ela faz exatamente o oposto" (Aluno X). No final do primeiro sistema, estão representadas as nuvens com tempos diferentes "porque cada uma tem seu tempo". "Embaixo, o vento que vai cobrindo cada nuvem. Quando a nuvem passa, de repente surge um vento que algumas vezes é forte e outras, fraco." Embaixo, último sistema, "é a junção dos dois. É um som que não tem forma, você faz o que quiser com o som, ele é moldado de acordo com cada nuvem" (Aluno X).

O aluno [X] escolheu sons sibilantes, assobios e [s] em intensidade forte para elaborar sua composição.

Ampliando o repertório do coro infantojuvenil

Desenho 29 – Aluno [M], 18 a. Desenho dirigido.

O aluno [M] chegou a fazer uma legenda e precisou da ajuda de um grupo para executar sua composição.

Representou as nuvens no início de uma tempestade. "As nuvens iniciam com um som fraco, que vai aumentando de intensidade à medida que a chuva se aproxima. A chuva começa com pingos, torna-se tempestade e termina com um ambiente calmo" (aluno M). Para o início da peça, ele escolheu um sons sibilantes [s] e [ch], cantados em velocidades diferentes. Esse som foi aumentando de intensidade até o momento de começar uma textura de grãos com [p] e [plin], em movimentos ascendentes e descendentes. Sobrepondo-se a esses grãos, começaram outros sons em intensidade bem forte, que misturavam o fonema [R] emitido como um rufo, as vogais [a] e [um]. Os sons são interrompidos por um silêncio relativamente longo. A peça termina com assobios e o canto de um galo.

Desenho 30 – Aluno [D], 10 a. (1) Desenho não dirigido. (2) Desenho dirigido.

O texto dizia:

> As nuvens são como imagens
> Que tocam com o nosso coração
> Às vezes parecem dinossauros
> Até coração.
> Então, olhem as nuvens (aluno D).

O aluno [D] disse que seu texto falava sobre as nuvens e como elas são. Esse aluno surpreendeu todo o grupo, ao utilizar pequenos *glissandos*, sons sibilantes e a técnica de *Sprechgesang*. Sua interpretação foi bastante expressiva e emocionou a todos.

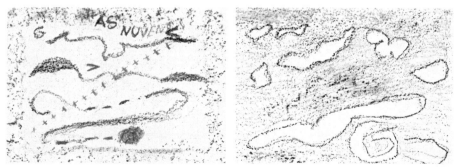

Desenho 31 – Aluno [E], 15 a. (1) Desenho não dirigido. (2) Desenho dirigido.

"O azul claro representa as nuvens, o escuro, o vento que atrapalha. O sol surge e, à medida que vai ficando forte, um passarinho aparece" (aluno E). O passarinho está desenhado em linha diagonal. Rafael explica que assim o fez para não ter de desenhar na partitura toda. Ele diz que o motivo de estar desenhado desta forma é que o passarinho é muito insistente, e seu som dura quase a peça toda. Onde azul-claro e escuro se misturam, é o momento em que vento e nuvem aparecem juntos. A peça termina com fragmentos do vento e com um trovão bem forte. Diz, ainda, precisar de alguém para dar a nota SOL no piano.

A peça começa com o SOL no piano, que dá a altura inicial e, depois, transforma-se em um *glissando*. Seguem-se o fonema [ch] e assobios. Em seguida, todos os sons são sobrepostos. A peça termina com a sílaba [prom], em intensidade forte.

Desenho 32 – Aluno [B], 16 a. Desenho dirigido.

Esse aluno diz que sua composição é uma peça complexa, em que todo o coro canta. No meio da música, a 2ª voz entoa uma tríade.

A peça começa com um som [uou] grave, que caminha em direção ao agudo, e com outro, em movimento contrário. Esses sons são interrompidos no ponto em que as linhas se cruzam, representando o momento em que as nuvens se encontram. Depois começam a descer em *glissando*, seguindo-se a entoação de um intervalo qualquer, com a vogal [u], representado no desenho, por meio de uma linha em forma de ziguezague. Nesse momento, a tríade é cantada. Os meninos entoam sempre a linha de baixo. Todas as vozes caminham em direção ao uníssono final.

O aluno [B] quis representar o encontro das nuvens e a velocidade com que se movimentavam, porque o céu naquele dia "estava agitado", disse ele, devido a essa movimentação acelerada das nuvens. O aluno pensou em representar o bloco de nuvens pretas que apareceu no céu com um *cluster*, ou uma tríade. Como muitos dos cantores já haviam utilizado o *cluster*, decidiu-se pela tríade. O uníssono final representa o céu quando está claro.

Observa-se que, nestes trabalhos realizados pelas crianças e jovens do CantorIA, estão presentes muitos dos conceitos musicais trabalhados ao longo da pesquisa. Na representação gráfica são utilizadas notação gráfica, sobretudo, e outra que combina escrita literária e desenho. As emissões vocais abrangem várias das técnicas e conceitos trabalhados, como *cluster, Sprechgesang, glissando,* uso de fonemas, respirações, assobios, sons escolhidos ao acaso, tríade, além de elementos de indeterminação, demonstrando que todas foram assimiladas pelo grupo.

"Der Nordwind"

Diante da dificuldade encontrada no início da pesquisa com a peça "Der Nordwind" (Mellnäs, publ. 1998) essa obra acabou se tornando a meta a ser alcançada no final desse estudo, pois seria um meio de se saber até que ponto as práticas desenvolvidas durante a pesquisa facilitaram e auxiliaram a compreensão e execução de obras contemporâneas.

Muitos dos elementos adotados por Mellnäs foram trabalhados no decorrer da pesquisa, como o *Sprechgesang,* a fala, sons sussurrados e sons de fonemas. O idioma alemão, igualmente, fora trabalhado nas peças "Wenn der schwer Gedruckte Klgat", de Schoenberg (1905) e "Der Gluhende", *op.*2 nº 2", de Berg. Mas havia alguns detalhes específicos dessa obra, que eram:

- fonemas [ʃ"] (ch), [s] (s) e [ç] (*Ich* do alemão) adicionados de alturas; e
- os sons da 2ª parte da obra, explicados detalhadamente no Capítulo 3, a saber: sons produzidos na lateral da boca, na região dos dentes, no céu da boca, com os lábios, com ou sem a interferência da língua.

O primeiro item foi rapidamente solucionado com o emprego de sugestões tiradas do cotidiano, permitindo às crianças relacionar uma situação familiar à nova experiência vivida, determinado emissão vocal, naquele momento, ainda por eles desconhecida.

O grupo lembrou-se de que o emprego das vogais ajudava a tornar o som mais claro ou mais escuro. As linhas vocais foram lidas separadamente, tentando, primeiro, juntar o fonema da consoante ao da vogal, para, só depois, acrescentar a dinâmica indicada pelo compositor. Em seguida juntaram-se todas as vozes, com um resultando positivo. Uma vez constatado que não havia problemas, a técnica do *Sprechgesang* foi, também, adicionada, sem dificuldade por parte dos cantores. Constatou-se, então, que o coro não tinha mais dúvida sobre como executá-la.

A segunda parte desta obra que, anteriormente, apresentara grande dificuldade de compreensão e de interpretação para os cantores, nesse momento surpreendeu a pesquisadora, pela facilidade com que o grupo a executou.

Por fim, juntou-se toda a peça, tendo-se constatado, também, que os cantores tiveram bastante facilidade ao cantar no idioma alemão.

Observa-se dessa maneira, que, em um único ensaio, a peça inteira foi lida, com a junção das quatro vozes, dinâmica e expressão. A primeira experiência, de um mês com resultados insatisfatórios, transformara-se em outra, que precisou apenas do tempo de 1h30 para mostrar resultado positivo, musicalmente interessante e prazeroso para o grupo, concluindo-se que as experiências musicais pelas quais passou o Grupo CantorIA auxiliaram o grupo no entendimento da obra.

Congruências de sonoridades

Ensinar sempre provisoriamente: Deus sabe com certeza.
(Murray Schafer, *O ouvido pensante*, 1991)

O ano de 2006 foi iniciado com uma atividade fora do Instituto de Artes, no sítio Santo Antonio, em Diadema, pertencente à Congregação São Vicente Pallotti – Irmãs Palotinas e cedido para o Projeto "Educação Musical pela Voz", pelas irmãs do Colégio São José daquela Congregação, a fim de que os alunos tivessem a oportunidade de participar de outras vivências sonoras.

Durante todo o dia, crianças e jovens tiveram a oportunidade de vivenciar o fenômeno sonoro de diversas formas. O primeiro exercício foi um passeio de olhos vendados (Schafer, 1992). O intuito era percorrer um espaço ao ar livre de olhos vendados, em fila, de mãos dadas e em silêncio, para que pudessem perceber o universo sonoro à sua volta e despertar outros sentidos, além da visão, para lhes servir de guia. Além disso, foi um exercício de confiança, pois cada criança e jovem dependia de seus companheiros para conseguir caminhar sobre os diferentes pisos existentes no percurso: concreto, grama, escada, até chegar ao final. A aproximadamente cada dez crianças, havia um adulto sem vendas nos olhos, para garantir que o percurso se daria em segurança. Ao chegarem ao final do percurso, as crianças foram conduzidas a um círculo, onde lhes foi pedido para identificar em que lugar do sítio imaginavam estar naquele momento. As respostas foram várias. Após essa questão, também lhes foi pedido para identificar alguns espaços que já tinham tido oportunidade de ver: o lago, o galinheiro, a cozinha e outros. Tirando as vendas crianças e jovens puderam confirmar ou não suas respostas. Foi interessante perceber como a privação da visão leva à desestruturação do conceito de espaço: na verdade, foi muito difícil localizarem-se e identificarem os lugares pedidos; os tamanhos e as distâncias são substancialmente alterados e a noção de distância fica bastante deturpada, o que foi motivo de discussão entre os participantes.

Foto 1 – Passeio de olhos vendados.

Inspirando-se no poema de Leminski "Eu", a experiência seguinte foi anunciada aos participantes como "uma caminhada em busca do 'eu' interior", em alusão ao que se diz no poema; a intenção era despertar a imaginação e a criatividade de cada um, mediante estímulos encontrados na natureza – o local escolhido era um trecho de mata, quase sem interferência humana. Para a realização dessa experiência, o grupo deveria andar pela mata, agora sem as vendas. Acentuando o tom mágico-dramático que se pretendia, alguns personagens foram criados para estimular sua imaginação. Logo no início desse percurso, à entrada da mata, tiveram seu primeiro encontro com o fantástico: o encontro com o "Guardião da Floresta" que lhes disse que só daria permissão para entrarem na floresta se prometessem tentar "ver além do olhar" – outra alusão ao poema de Leminski. Em seguida, o personagem começou a se afastar até desaparecer, enquanto declamava o seguinte poema:

> A paisagem é a imagem de um postal
> Que saltou para dentro da vida.[21]

Foto 2 – Caminhada na mata.

Foto 3 – A procura de sinais.

---
21 Comunicação pessoal [s.n.].

Enquanto caminhava, sempre orientado a se manter em silêncio, o grupo procurava ouvir seus próprios passos contra as folhas caídas no chão, o balanço dos galhos das árvores, o cantar dos pássaros e outros sons, provenientes de outros espaços que não a mata, que impediam ou dificultavam a audição dos sons naturais.

A interrupção da caminhada deu-se em determinado momento, quando surgiu outro personagem: uma Senhora que se dizia muita velha e declarava conhecer poesias como ninguém, afirmando, porém, com veemência que, para serem poesias, elas sempre deveriam ter rimas. O guia do grupo – uma das monitoras – contradisse a ideia da senhora dizendo que poesia é muito mais que rima, e observou que:

> As palavras podem ser um divertimento fantástico,
> Principalmente quando as usamos para tentar definir
> O que nunca ninguém conseguiu ver definido.
> As palavras tornam-se um jogo, um desafio, uma aventura
> e encontram imagens com que podem casar-se e viver felizes
> Tentam dar nome ao que não tem nome
> E sentido ao que conhecemos com outros sentidos,
> Por isso mesmo é um jogo em que todos podem entrar.[22]

Para provar o que disse, o guia repetiu a poesia declamada pelo "Guardião da Floresta".

Foto 4 – Personagem – Senhora.

---

22 Comunicação pessoal [s.n.].

Ao ouvir essa explicação, a velha Senhora se convence e conclui que, realmente, há possibilidade de existir poesia sem rima. Ela encerra o encontro com as crianças, dizendo um poema:

> O poeta é um farol a iluminar
> As palavras que ainda ninguém usou.[23]

Após ter dito esses versos, a personagem se retira, depois de dar autorização para que o grupo continuasse a caminhada. Nesse mesmo momento, todos receberam o poema de Leminski que iniciaria a terceira atividade, quando o grupo deveria fazer as palavras do poema cantarem.

Cada um dos que ali estavam tiveram de encontrar um lugar em que pudessem parar, colocar-se em atitude de escuta, sentir a natureza, ouvir os sons por ela criados e refletir a respeito do sentido do poema, de modo que os auxiliasse a cumprir o que havia sido pedido: fazer as palavras do poema cantarem.

Foto 5 – Grupo em reflexão.

Em seguida, o grupo foi orientado a procurar por sinais que os ajudariam em sua caminhada. Intencionalmente foram colocadas no chão várias pedras brilhantes e coloridas, consideradas amuletos, que deveriam ser ofertadas a outra personagem – Mãe Terra – quando a encontrassem. O grupo, então,

---

23 Ibidem.

passou algum tempo colecionando as pedrinhas e guardando-as para a próxima atividade. Voltando a caminhar, depararam com a personagem Mãe Terra, que lhes ofereceu alimento, servido por seus servos, a quem as crianças deram os amuletos encontrados.

Foto 6 – Mãe Terra

Os personagens da mata conduziram as crianças a novo encontro com a natureza, repleto de magia, à qual só se tinha acesso com o silêncio de todos, o qual, em vista da representação, tornou-se repleto de sentido.

Acredita-se, assim como Paynter, que a arte se ocupa de educar a sensibilidade (1972, p.9-10). Durante a experiência vivida na "floresta", a porta da sensibilidade permaneceu aberta, e as fronteiras do real e do fantástico cruzaram-se, permitindo que o grupo brincasse com a imaginação e buscasse a reflexão. Esse tipo de experiência é muito importante no trabalho educativo, pois leva os alunos a desenvolverem suas diferentes potencialidades.

Exercícios técnicos

Continuando a experiência de múltiplas vivências, todo o coro se dirigiu a um local próximo à mata onde ficam os animais do sítio, para realizar alguns exercícios vocais de aproximação com a linguagem contemporânea, extraídos de Reibel (1984, p.48-9; 61; 76-7). Buscava-se que os participantes tomassem consciência das diferentes sonoridades que se podem produzir em diferentes espaços, o que os levou, então, à exploração do espaço acústico. Algumas perguntas de caráter investigativo foram feitas:

- Como soa um *cluster* nesse local?
- Qual a energia necessária para que a voz atinja determinada distância?

Inspirando-se na história de Ariadne que ajudou seu amado Teseu a encontrar a saída do labirinto, entregando-lhe um carretel de barbante, foi dado aos cantores um novelo de linha. A tarefa do grupo era desenrolar o novelo de linha à medida que cantasse um som longo, caminhando em direção a um companheiro. O som deveria ser contínuo e bem projetado, para que todos pudessem ouvi-lo.

O local era apropriado para realizar vários tipos de experiências vocais devido à acústica favorável, não sendo preciso grande esforço para que as vozes das pessoas fossem ouvidas. Após o primeiro exercício, tentou-se, então, criar uma corrente sonora, em que um dos cantores mantinha um som sustentado em determinada altura, aumentando e diminuindo sua intensidade. Algum tempo depois, um segundo cantor, em intensidade fraca, emitia um som diferente do primeiro, exatamente no momento em que o cantor anterior atingia o alge da intensidade. O exercício prosseguia até que todos os cantores estivessem no jogo. O resultado foi belíssimo, havendo momentos em que os sons se sobrepunham e, outros, em que desapareciam, formando uma trama sonora bastante interessante. O movimento corporal serviu de recurso para que a sonoridade fosse percebida de forma concreta — pelo afastamento e aproximação das mãos, os movimentos de crescendo e decrescendo foram representados.

A experiência seguinte valeu-se do espaço aberto. A proposta era fazer que os participantes exteriorizassem os sons que, usualmente, são reprimidos – gritos. Eles teriam de expressar diversos tipos de gritos, com diferentes significados, cada um deles seguido por silêncios. O corpo deveria auxiliar na expressão das diferentes emoções representadas pelos gritos: surpresa, medo, alegria, angústia. Ao mesmo tempo que cada som era seguido por silêncio, cada movimento era, por sua vez, seguido por imobilização corporal, situação que durava algum tempo, até que novo grito e movimento surgissem.

Conversa entoada

Havia várias árvores no local. Cada criança e jovem procurou uma delas para se instalar, de modo que conseguisse visualizar todos os outros cantores.

O grupo teria de travar uma conversa em que todos se saudassem, enquanto, por meio da escuta, observavam a ressonância do som emitido, seu deslocamento no ar e que distância o som atingia.

Essa foi uma experiência produtiva e bastante interessante. Os participantes, completamente envolvidos na proposta, interagiram com os colegas e com os galos do local, que, por sua vez, passaram a entremear seu canto às vozes das crianças.

Em seguida, a atividade foi interrompida para o almoço. Após a refeição e um breve momento de recreação livre pelo parque, houve o momento de ensaio coral, em que o repertório musical que integra a presente pesquisa foi trabalhado.

Após o ensaio e o lanche, chegou o momento de encerramento daquele dia. Participantes e monitores foram reunidos no espaço externo, em uma ampla roda. Todos se sentaram dando início à reflexão sobre todo o trabalho desenvolvido com o grupo, pois era necessário colher as impressões a respeito das atividades desenvolvidas durante aquele dia e, especificamente, da proposta com o repertório contemporâneo, que se constitui no corpo desta pesquisa. Os depoimento dos participantes encerram este estudo. Para que se evitassem digressões e afastamento dos pontos considerados importante avaliar, partimos de três questões, pedindo-se para que cada um falasse de sua experiência individual no Grupo CantorIA, emitisse sua opinião a respeito do repertório proposto e avaliasse como tinha sido a vivência deles naquele dia, diante das propostas de atividades realizadas no sítio.

Depoimento dos monitores

O Projeto abraça pessoas interessadas na pedagogia coral e, por esse motivo, o grupo conta sempre com a colaboração de alguns monitores. Eles se manifestaram com relação ao repertório da seguinte maneira:

- Uma das monitoras [1] diz não conhecer as músicas do musical "Edu e a orquestra mágica", porque não participava do CantorIA na época, mas afirma que o repertório proposto pela pesquisa faz que a visão de música se transforme. Além disso, é uma forma diferente de ler partitura. Afirma esta [1] que a percepção musical se amplia e ao retornar para o repertório praticado anteriormente, acredita que a visão que se terá da música será mais profunda, em razão do trabalho desenvolvido por este estudo.

Diz ainda que foi difícil para ela, como foi para os cantores, a experiência vivida e termina dizendo que está aprendendo muito.
- Outro monitor [2] diz que participar do CantorIA é participar de uma grande experiência educacional. Todos aprendem, alunos e monitores. Comenta que a amizade desenvolvida no grupo é algo especial. Apesar de não ter participado do musical "Edu e a orquestra mágica", afirma que o repertório "novo", como chamam, amplia o conceito de música.
- A monitora [4] entrou para o CantorIA no dia do encontro e observou a alegria e união do grupo. Diz ter ficado impressionada com o repertório escolhido.

Esses depoimentos demonstram que o Projeto "Educação Musical pela Voz" é fonte de aprendizado seja para monitor, seja para cantor, e que as experiências com o repertório da pesquisa ampliaram o conceito de linguagem.

Depoimento de crianças e jovens

Muitos dos que são hoje jovens entraram para o CantorIA bem crianças. O cantor [M], por exemplo, de dezesseis anos de idade, está há cerca de nove anos no coral. Diz que começou a frequentar o grupo obrigado pela mãe, porque tinha problemas respiratórios. Hoje, vem por opção. O cantor [E] está completando oito anos de coro e confessa ter entrado por brincadeira, hoje está estudando canto, na Fundação das Artes de São Caetano do Sul. O integrante [H] participa do CantorIA há nove anos. Entrou aos seis, obrigado pelos pais. Hoje, vem por opção própria. O participante vai completar seis anos de CantorIA. Afirma que sempre gostou de cantar e sempre teve o apoio de sua mãe. Lembra que, quando entrou no coro, era pequeno e auxiliado pelos adolescentes. Hoje, adolescente, tem consciência de que é preciso auxiliar as crianças menores que entram para o grupo. O cantor [G], irmão do cantor [B], diz que, no começo, tinha certo preconceito em relação ao coral. Também lembra-se de ter entrado no grupo ainda criança, quando havia muitos adolescentes no coro e, hoje, vive a situação inversa. O cantor [R], há cinco anos no CantorIA, declara ter aprendido o valor da prática coral. O cantor [U], seu irmão, diz que começou a frequentar o grupo por vontade do pai, que manifestava o desejo de ele [U] se tornar cantor. O integrante [C], irmão de [M], diz que também entrou obrigado pelos pais. O cantor [D], tem três anos de CantorIA e sempre gostou de música, entrou para o coro por intermédio de sua escola na época da montagem de "Edu e a orquestra mágica". O participante [F], também entrou por ocasião desse musical. Da mesma forma entrou [A], que tem quatro anos de CantorIA. O cantor [Z] frequenta o coro somente há um ano e diz que sempre gostou de cantar. Os irmãos [W] e [Y] também estão há um ano no coro e sempre quiseram cantar. O cantor [T] tem três anos de CantorIA e diz que no começo era muito tímido, ao passo que [O] diz gostar de teatro e música e, por isso, começou a cantar no coro. O cantor [LH] veio pelas mesmas vias de [D], [F] e [A], isto é, a partir da proposta do musical, em que sua escola esteve envolvida, passou a integrar o grupo. Atualmente [A] estuda flauta transversal. O cantor [X] afirma que a música sempre esteve presente em sua vida, principalmente pelo fato de o pai ter sido cantor, mas que entrou no CantorIA por causa do musical. O integrante [I] também entrou para o coro na época de "Edu e a orquestra mágica" e hoje quer fazer da música sua companheira; frequenta as salas de concertos e atualmente estuda violino.

Todos eles falam do vínculo de amizade desenvolvido no CantorIA e se emocionam ao fazer esse comentário. Dizem ter criado amizades sólidas e acrescentam que, além do canto, aprenderam a ser uma família, dentro e fora do coro. Todos dizem que aprenderam muito durante o tempo que participam do CantorIA. Pode-se notar por essas afirmações que o Projeto tem uma proposta que não se limita a transmitir conteúdos, mas trabalha com valores. Esse fato fica evidente pela declaração de muitos deles que, a princípio, vieram para o coro por desejo ou imposição dos pais, mas, depois, permaneceram porque se identificaram com a comunidade. Mais do que o repertório, o sentimento de aceitação e respeito dos mais velhos em relação aos mais novos faz que os últimos se sintam acolhidos e retribuam, quando adolescentes, os futuros iniciantes. O sentimento de amizade e união existente no grupo é tão forte que todos tecem comentários a respeito dele emocionados. Por ocasião do musical "Edu e a Orquestra Mágica", o grupo criou seu grito de guerra que, frequentemente, é lembrado no encerramento de uma atividade.

O repertório "novo"

Com relação ao repertório desenvolvido durante o musical "Edu e a orquestra mágica" e o praticado durante a pesquisa as opiniões diferem.

No geral, o coro gostou muito de participar do musical e aprendeu a atuar cenicamente.

Ao serem arguidos a respeito do repertório, a maior parte dos integrantes disse não gostar do tipo de música proposto na presente pesquisa. [E], [M] e [G] confessaram não gostar do repertório ou não estarem inclinados a este tipo de música. Acham-na difícil, necessitando de tempo para assimilá-la. Disseram também que a música contemporânea exige muita concentração, motivo que os cansa. Com um repertório de MPB, sentem-se confortáveis, pois estão habituados àquele discurso musical. Outros integrantes salientaram que as músicas que estavam cantando durante a pesquisa eram muito diferentes das que escutavam no rádio. Eles afirmaram que, no início, tudo era muito estranho e julgavam-se incapazes de executá-las. Outros, consideraram o repertório estudado bastante ousado dada sua complexidade. Além disso, apontaram a dificuldade que sentiram em relação aos vários idiomas usados no decorrer do trabalho. Os cantores, no entanto, afirmaram ter aceito o desafio pela consideração à autora deste livro. A ligação positiva entre ambos levou-os a compreenderem a importância do repertório e sentiram prazer em participar do trabalho. Concluíram que, se era importante para ela, o era, também, para eles.

Ao contrário desses cantores, outros se sentiram atraídos pelas músicas desde o início e alguns confessaram ter entrado para o grupo, justamente, por causa do repertório. Disseram que gostam de enfrentar desafios, pois eles conduzem a um novo estágio, seja em qualquer situação da vida. Como diz [I] "a mesmice não leva a nada".

Os meninos ressaltaram ter sido a primeira vez que uma música fora direcionada exclusivamente àquele naipe. Acrescentaram que, no repertório usualmente praticado, suas vozes eram, em grande parte, complemento das outras vozes do coro, ao passo que, no repertório de música contemporânea selecionado, houve vários momentos de solo ou de distinção do naipe. [LH] acrescentou que era bonito escutar os meninos cantando. Ao ouvirem o naipe masculino interpretando as peças do repertório, as meninas se surpreenderam com o timbre, e o resultado lhes pareceu interessante. [LH] disse, ainda, que o repertório "novo", como chamam, mostrou que "cada um tem sua função e que ninguém substitui ninguém". O cantor [K] confirmou a colocação de LH acrescentando que as músicas "deram chance de todos aparecerem". (K) acrescentou que a voz de contralto, na maior parte das vezes, fica escondida e que, no repertório "novo", "todas as vozes brilham um pouco". (I) afirmou estar lendo sobre o pós-modernismo, passando a entender o significado das músicas selecionadas, as quais "representam a confusão que vivemos hoje".

Todos admitiram que, gostando ou não do repertório, sentiam-se orgulhosos de terem superado muitas das dificuldades e de perceber que, naquele momento, conseguiam cantar as músicas, as quais, no início, julgavam-se incapazes de cantar. Reconheceram que havia muito a ser feito, mas valorizavam o que já fora conquistado. Disseram, ainda, ter consciência de que poucos coros cantam o que eles cantavam.

É preciso que se diga, também, que os mesmos adolescentes que se mostraram contrários ao tipo de música trabalhado afirmaram que, àquele momento, percebiam que muitos desafios decorrentes do repertório foram superados e passaram a apreciar muitas das músicas praticadas, como "Gamelan" e "Snowforms", sentindo-se orgulhosos em conseguir executar o repertório. À medida que as dificuldades técnicas e musicais iam sendo vencidas, a sensação de incapacidade, bastante presente no início do trabalho, cedeu lugar a uma atitude de confiança. Perceberam, também, a importância de aceitar os desafios, não só para superar os problemas advindos do repertório praticado, mas como prática de vida.

Com relação ao encontro, todos os participantes teceram comentários a respeito do passeio de olhos vendados, das sensações e medos que a proposta provocou. O cantor [M] acrescentou que a experiência os auxiliou a confiar no outro, mais do que já confiam. Comentaram, também, a respeito do momento mágico vivido na mata e que o grupo CantorIA é como um desses momentos mágicos, em que se "aprende a olhar o mundo de uma forma diferente" (LH). Sublinha-se que esse comentário é valioso pois acredita-se que ele sintetiza o processo vivido pelo CantorIA – experiência de linguagem musical que não se atém apenas aos conteúdos, mas envolve a prática, a imaginação e a busca por valores essenciais ao bem-estar do ser humano. Acredita-se que a experiência vivida no sítio atuou como uma síntese da proposta do Projeto "Educação Musical pela Voz" e, também, da desenvolvida na presente pesquisa. Em vista do que foi dito até aqui, considera-se importante dar a [R], um dos cantores do CantorIA, a oportunidade de encerrar este trabalho, com o comentário:

> O monitor [2] falou das partituras novas que muitos olham achando que não são partituras. É como o guardião da floresta nos disse que temos de aprender a enxergar além do olhar. Não é porque é uma coisa diferente de ser escrita que não vamos enxergar como música. É música sim, e é muito gostoso de se ouvir. (R)

Considerações

Ao longo da exposição ficou evidente o distanciamento existente entre a prática musical e a música contemporânea. Segundo o pensamento de Reibel (1984), a instalação dessa lacuna é decorrente da longa prática do ensino restrita à música tonal que faz os códigos desse sistema tornarem-se familiares ao ouvinte e ao estudante de música. A música contemporânea, muitas vezes, não utiliza os mesmos códigos do sistema tonal e outras os utiliza de maneira diferente da usual. Por esse motivo, o Grupo CantorIA sentiu dificuldade em responder às propostas iniciais, por desconhecer os códigos contidos na obra a eles apresentada.

Reibel (1984) desenvolve, em seu estudo, a ideia de que para que a aproximação entre prática musical e música contemporânea ocorra é necessário, além de estratégias específicas de atuação de ambas as áreas, que se forneçam "chaves de escuta" para que a música inserida na estética contemporânea possa ser compreendida por quem a pratica.

Sendo mínima, ou nenhuma, a prática de repertório contemporâneo, não há como o ouvinte ou o estudante de música procurar em suas experiências anteriores elementos que possam dar sentido a essa música. Isso provoca um distanciamento entre ele e a música. É necessário fornecer, por meio da prática, experiências que viabilizem a compreensão da música do século passado e do século presente.

Ao analisar a segunda parte deste estudo, vê-se que a teoria de Reibel tem fundamento. À medida que as propostas apresentadas iam sendo desenvolvidas, ampliadas e aperfeiçoadas, as capacidades específicas por elas trabalhadas foram sendo assimiladas, tornando possível sobrepor e justapor várias delas. Fica evidente em cada item do segmento que as estratégias serviram como "chaves de escuta" às obras trabalhadas, fazendo que a porta da compreensão fosse aberta a cada uma delas.

As últimas experiências com o CantorIA, com relação à leitura de obras, foram realizadas de forma rápida e com um mínimo de dificuldade. Pelo fato de o grupo ter vivenciado diversas experiências direcionadas à compreensão e à interpretação da música contemporânea, foi possível recorrer a essas experiências, anteriores, para que o coro percebesse e entendesse o que estava sendo pedido no presente, em face de uma nova experiência.

O exemplo mais evidente deste fato foi a prática realizada com a peça "Der Nordwind" (Mellnäs). A primeira experiência foi longa e cansativa com resultados frustrantes, a segunda, porém, sucedeu em um único ensaio com pouco esforço e com resultados bastante satisfatórios.

A segunda evidência da veracidade desse pensamento, segundo o qual a experiência vivida interfere positivamente na superação de novos desafios, são as composições realizadas pelos cantores, em que estes usam elementos praticamente de todo o repertório proposto, apresentando por meio de explicações complexas, a elaboração de suas próprias composições.

São alguns resultados que demonstram que a experiência realizada com o CantorIA interferiu na maneira de escuta de cada um dos cantores, auxiliou na compreensão musical das obras praticadas e, certamente, de obras futuras.

Mostram, ainda, que as estratégias foram eficazes possibilitando o contato intenso dos cantores com as obras. Finalmente, que a prática com a música contemporânea no CantorIA foi eficaz e pode servir de inspiração e discussão à pratica de outros coros.

Depois de pouco mais de um ano dedicado somente à música contemporânea, os cantores começaram a manifestar o desejo de cantar outro repertório, em particular músicas populares brasileiras. Essas manifestações levaram a uma reflexão sobre a condução das atividades. A proposta inicial deste estudo foi a vivência da produção contemporânea em virtude da pouca prática dessa música pelo grupo. No entanto, a exposição exclusiva do coro à música contemporânea seria também uma experiência unilateral. O que se defende é a multiplicidade de experiências para que a linguagem musical seja vivenciada em sua totalidade. Por esse motivo, no decorrer do processo abriu-se uma brecha para que a vontade do grupo fosse satisfeita, mesmo que parcialmente, cantando músicas tonais, paralelamente às selecionadas para este estudo.

Nota-se que a influência da música popular é muito grande no gosto do homem moderno, pois representa a maior parcela da música veiculada nos meios de comunicação. Essa questão já levantada por Reibel, em seu estudo (1994, p.12), fica evidente no depoimento do grupo. As colocações de alguns cantores apontam para o fato de não gostarem das músicas do "repertório novo", assim por eles denominado, e não se sentirem atraídos por elas, sentindo-se mais confortáveis cantando música popular brasileira.

No entanto, a preferência pela música popular não os impediu de ampliar o conhecimento e de enfrentar desafios. Isso só foi possível devido ao laço existente entre grupo e autora. Esse vínculo fez que o trabalho se tornasse importante. Eles próprios fazem essa declaração durante os depoimentos, afirmando que apesar de no início não gostarem das músicas a eles apresentadas, dispuseram-se a passar pela experiência, porque havia um vínculo de amizade e respeito mútuo. Paralelamente, a amizade entre os colegas fez que a caminhada se tornasse interessante. Esse fato tem relevância, pois não foi a imposição o veículo de condução do processo, mas a exposição das ideias, das propostas e de sua importância tanto para a autora quanto para o crescimento do grupo. Dessa maneira, os cantores aceitaram o desafio da proposta. Além disso, o respeito pelos colegas e a união do grupo impulsionou-os nessa decisão.

Outro ponto a ser considerado é que diversas músicas contemporâneas são de grande complexidade, e exigem demasiada concentração. Muitas vezes, contêm sonoridades a que o ouvido tonal não está acostumado. A condução melódica, rítmica e harmônica, por vezes, escapa à compreensão imediata. É preciso tempo para assimilá-la. Isso faz que o resultado final demore a ser alcançado, podendo ser um dos motivos de peças contemporâneas serem substituídas por outras que exigem menos esforço e tempo de preparação. Os jovens do CantorIA reconhecem a dificuldade das obras, mas, ao olharem os resultados alcançados, sentem-se orgulhosos de terem superado muitos dos desafios. Ao cantar o repertório proposto sentem-se valorizados como cantores e como pessoas, pois têm consciência de sua complexidade e sentem-se satisfeitos com o sucesso alcançado. Eles declaram que, quando lembram da dificuldade inicial e comparam-na com o resultado obtido no fim do processo, percebem que muito foi superado. Vários dos integrantes afirmam que com o tempo passaram a gostar das músicas e a sentir prazer em executar muitas delas.

A experiência não ampliou o conhecimento somente dos cantores, mas também da autora. Acredita-se que esse resultado tenha sido em decorrência do procedimento adotado no trabalho, em que o coordenador ou regente e o coro caminham lado a lado, discutindo e resolvendo problemas surgidos para, juntos, construírem os resultados. Os efeitos desse procedimento foram;

- os participantes envolveram-se com o projeto, pois se tornaram responsáveis pelos resultados alcançados;
- o envolvimento trouxe respeito, arma fundamental para que qualquer processo flua; e
- o coordenador não se colocou como detentor do conhecimento, mas como uma pessoa capaz de interagir com os participantes lidando com os problemas, considerados de responsabilidade de todo o grupo e não apenas do coordenador.

No caso específico deste trabalho, a autora pôde ampliar seu conhecimento relacionado à aplicação pedagógica dos elementos contidos nas obras selecionadas, e apresentá-los de maneira que etapas não fossem excluídas, facilitando a compreensão da obra.

No que se refere ao estímulo de compositores escreverem para o tipo de formação coral do CantorIA, acredita-se que avanços foram conseguidos; no entanto, para que se torne uma prática frequente, é necessária uma efetiva integração entre compositor e coro infantil e infantojuvenil. É necessário que o compositor conheça o grupo antes de escrever para ele, observe seus limites e possibilidades, considere a faixa etária, nível técnico, recursos disponíveis, tempo de ensaio, tudo enfim que subsidie o sucesso interpretativo da composição. Mesmo diante de todas essas informações, às vezes, é necessário que se façam adaptações da ideia original. É justamente essa flexibilidade e restrição que enriquece o conhecimento da escrita vocal de um compositor.

Apesar do interesse do grupo por esse tipo de música não ter crescido enormemente, como se esperava a princípio, acredita-se que a experiência tenha aberto janelas para os jovens e crianças que dela participaram, tornando-os receptivos a uma gama maior de sonoridades do que um grupo restrito a uma única estética musical.

A exposição a esse repertório aumentou a competência de cantar em coro, independentemente da obra escolhida. Em vista disso, pode-se afirmar que houve um efetivo aumento do domínio da linguagem musical.

Referências bibliográficas

CAZNÓK, Y. A audição da música nova: uma investigação histórica e fenomenológica.1992. Dissertação (Mestrado em Psicologia da Educação) – Pontifícia Universidade Católica - São Paulo.

DICIONÁRIO DE BOLSO. Berlim: Langenscheidt, Parte 1, 1982. (ed. atual.). Parte 2, 1969.

DICIONÁRIO DE CIÊNCIAS SOCIAIS. 2.ed. Rio de Janeiro: Fundação Getúlio Vargas/MEX, 1987, p.435.

DICIONÁRIO GROVE DE MÚSICA – Edição Concisa (Editado por Stanley Sadie; editora-assistente Alison Latham). Tradução Eduardo Francisco Alves. Rio de Janeiro: Jorge Zahar, 1994.

DOMONKOS, P. e L. *Método Kodály. Enseñanza Musical en las escuelas primarias*. Buenos Aires: Bermejo & Fucci, 1969, p.113.

FONTERRADA, M. T. DE O. *De tramas e fios* – Um ensaio sobre música e educação. São Paulo: Editora UNESP, 2001.

_____. Educação musical: Investigação em quatro movimentos: prelúdio, coral, fuga e final. 1991. Dissertação (Mestrado em Psicologia da Educação) – Pontifícia Universidade Católica, São Paulo.

_____. Linguagem Verbal e Linguagem Musical. *Cadernos de estudo educação musical*. São Paulo: Atravez, 1994, p.30-43.

FUBINI, E. *L'Estetica Musicale dal settecento a oggi*. Nuova edizione ampliata Torino: Giulio Einaudi Ed. 1987, p.311-90, cap. 9, 10.

GADAMER, H.-G.. *Philosophical Hermeneutics*. London: University of Califórnia Press, 1977. Parte I: (The Scope of Hermeneutical Reflection ,5. Man and Language , 1966.)

KOELLREUTTER, H. J. *Terminologia de Uma nova estética da música*. Porto Alegre: Movimento, 1990. p.27.

KRÖPFL, F. ¿Qué es la música electrónica? In: EIMERT, H. et al. *Prólogo a la edición española*. Buenos Aires: Nueva Viosión, 1959.

MABRY, S. *Exploring Twentieth-Century Vocal Music.* a practical guide to Inovations in Performance and Repertoire. New York: Oxford University Press, 2002.

MENEZES, F. *Apoteose de Schoenberg.* 2ª ed. São Paulo: Ateliê, 2002.

_____. *Atualidade estética da música eletroacústica.* São Paulo: Editora da UNESP, 1998.

_____. *A acústica musical em palavras e sons.* São Paulo: Ateliê, 2003, p.94-5.

MERLEAU-PONTY, M. *Fenomenologia da percepção.* Tradução de Reginaldo Di Piero. Rio de Janeiro: Freitas Bastos, 1971. cap. VI. (*O Corpo como Expressão e a Fala.*), p.193-213.

_____. *Sobre a fenomenologia da linguagem.* Textos Escolhidos. São Paulo: Abril Cultural, 1975.

MILLER, S. *The Structure of Singing – System and Art in Vocal Technique.* New York: Schirmer Books, 1986, p.71-2.

PAYNTER, J. *Oir, Aqui y Ahora* – Uma introducción a la música actual en las escuelas. Buenos Aires: Ricordi, 1972.

RAO, D. *Choral Music Experience* – education through artistry. USA: Boosey & Hawkes, Inc, 1987. v.5, p.21.

REIBEL, G. *Jeux Musicaux.* v. 1: Jeux Vocaux. Paris: Salabert, 1984.

ROSE, B.; CLOS J. *Chant Choral à l'école de musique* – points de vue. Paris: Cité de la Musique, 2000. Centre de Ressources Musique et Danse.

SCHAFER, M. *O ouvido pensante.* Tradução Marisa Trench de O. Fonterrada. São Paulo: Editora da UNESP, 1991.

_____. *A afinação do mundo.* Tradução Marisa Trench de O. Fonterrada. São Paulo: Editora da UNESP, 2001.

_____. *A Sound Education.* Canda: Arcana Press, 1992.

SCHOENBERG, A. *Style and Idea:* Selected writings of Arnold Schoenberg. Los Angeles: University of California Press, Berkeley, 1984. (Edited by Leonard Stein. Translated from the original German by Leo Black).

STOIANOVA, I. Folk Songs de Luciano Bério. *L'educacion musicale,* p.29-40, 2003.

TUREK, R. *The Elements of Music Concepts and Applications.* 2. ed. USA: McGraw-Hill Co., 1996.

THE NEW GROVE Dictionary of Music and Musicians, Macmillan Publishers Limited, 1980.

VERGARA, S. C. *Projetos e relatórios de pesquisa em administração.* São Paulo: Atlas, 2004.

Partituras

ALFAGUELL, M. *Seis Oraciones op.78b* Oracione I [m.s.] .1 partitura (2 p.). Voz, composição de 1955.

ANTUNES, J. *Plúmbea Spes* [m.s.] 1 partitura (2 p.). Voz, composição de 1978.

BERG, A. *op.2.n.2 Drei Lieder aus „Der Gluhend"* (texto de Mombert) @ 1928 Schlesinger'sche Berlin and renewed 1956 por Frau Helen Berg. Viena. 1 partitura (2 p.). Voz e piano. Composição de 1909-10.

BÉRIO, L. *Ballo* (Canzoni Populari) Milano: Universal Edition S.p.A., 1975. 1 partitura (3 p.). Voz e piano. Composição de 1946-47.

BORGES, Á *Pequeno Nascer, Grande Morrer* – Octeto Infantojuvenil e Eletrônica ao vivo [m.s.]. 1 partitura (8 p.). Voz e *tape*. Composição de 2005.

BOSSEUR, J.- Y. *O Bicho Alfabeto* (Poema de Paulo Leminski) 2005 [m.s.]. 1 partitura escrita (2 p.).

_____. *Eu* (Poema de Paulo Leminski). 2005 [m.s.]. 1 partitura escrita (2 p.).

_____. *Les Elfes* (texte de Ludwig Tieck) 1976.

_____. *1Poema & 3 Kaikais* (Poema de Paulo Leminski). 2005.

_____. *Distâncias Mínimas* (Poema de Paulo Leminski). 2005.

_____. *Que Tudo passe* (Poema de Paulo Leminski) 2005.

_____. *De ouvido* (Poema de Paulo Leminsky) (2005).

_____. *Profissão de Febre* (Poema de Paulo Leminski) 2005.

CAGE, J. *The Wonderful Widow of Eighteen Springs* (words by James Joyce) New York: C. F. Peters Corporation, 1961. 1 partitura (5 p.). Voz e piano. Composição de 1942.

CARDOSO, L. *O Navio Pirata*. MEC/FUNART, 1981. 1 partitura (11 p.). Voz. Composição de 1981.

FONTERRADA, M. T. DE O. *O Cachorro Vira-lata. (do Musical Edu e a Orquestra Mágica)*. 2003 [m.s.]. 1 partitura (1 p.). Voz

_____. *A Algazarra das cigarras*, 2005. 1 partitura (1 p.). Voz.

_____. *Musical Edu e a Orquestra Mágica*. 2003 [Original em programa Finale]. 1 partitura (54 p.). Voz.

FLUSSER, V. *Haïku* – 9 miniatures pour voix d'enfants, n.1 e 7 - *Quand il souffle de l'ouest*. Lyon: Mômeludies. www.momeludies.com. Ano de criação: 1991. 1 partitura (2 p.). Voz.

_____. *Haïku* – 9 miniatures pour voix d'enfants, n.8 - *Hé c'est la lune*. Lyon: Mômeludies. www.momeludies.com.Ano de criação: 1991. 1 partitura (2 p.). Voz. Outras obras de Flusser podem ser encontradas nas edições Mômeludies e nas edições Notissimo: endereço: www.notissimo.com e nas edições Fuzeau, no endereço: www.fuzeau.com.

KODÁLY, Z. *Volt nekëm ëgy kecském* (Ungarisches Volkslied). Chor im anfang – Band III, Germany: Möseler Verlag Wolfenbuttel, 1971. p. 87. 1 partitura (1 p.). Voz. Arranjo s.d.

_____. *Birthday Greeting – Nagyszalontai Köszöntö*. London: Barrie and Rocklife, 1996.

LIGETI, G. *Gomb, gomb* Mainz: Schott's Söhne, 1984. 1 partitura (4 p.). Voz. Composição de 1955.

_____. *Zwei Kanons - Pletykázó asszonyok*. Mainz: Schott's Söhne, 1988. 1 partitura (1 p.). Voz. Composição de 1952.

_____. *Zwei Kanons - Ha folyóvíz volnék*. Schott's Söhne, 1952. 1 partitura (1 p.). Voz.

MANIS, J. A. *Relógio* (poema de Oswald de Andrade). (7 p.). Voz, clarinete baixo, violino, violoncelo e piano.

MELLNÄS, A. *Der Nordwind*. Kassel: Gustave Bosse Verlag, 1998. P.166-67. 1 partitura (203 p.). Voz.

RINALDI, A. *Little Grey Eyes*, 2005 [Original em Finale].1 partitura (4 p.). Voz.

SAMSON, J. Initiation à la Plyphonie. In:_____. *Grammaire du chant Choral*. [S.l.]: Ed. Henn, 1947. (Cópia cedida por Brigite Rose, França). Voz.

SCHAFER, M. R. *Gamelan*. Canada: Arcana Editions, 1980. 1 partitura (11 p.). Voz. Composição de 1979.

_____. *Snowforms*. Canada: Arcana Editions, 1986. 1 partitura (8 p.). Voz. Composição de 1983.

_____. *Miniwanka*. Canada: Arcana Editions, 1973. 1 partitura (9 p.). Voz.

SCHOENBERG, A. *Wenn der Schwer Gedruckte (Chorcuch fur gemischte Stimmen – band IV)* Zurich: Möseler Verlag Wolfenbutte; 1965. p.97. 1 partitura (1 p.). Voz. Composição de 1905.

STAHMER, K. *Sufer Tod* (poema de Johannes R. Köhler) Gustav Bosse Verlag, 1983. p.174-75.
1 partitura (2 p.). Voz. Composição de 1973.

VERTAMATTI, L. *Exercícios para CantorIA*. São Paulo, 2004. Cópia digital.

CD (*Áudio*)

LIIGETI, G. *György Ligeti A Cappella Choral Works*. London sinfonietta voices – Terry Edwards, Conductor.1997 Sony Classical SK62305 made in USA. 1 CD (75'29). Faixa 9 (1'07)

_____. *György Ligeti A Cappella Choral Works*. London Sinfonietta voices – Terry Edwards, Conductor.1997 Mainz: Sony Classical 1 CD (75'29).Faixa Faixa 20 (1'23)

CAGE, J. *John Cage: The Wonderful Widow of Eighteen Springs; Ryoanji*. Performer: Joëlle Léandre, Coproduction Sender Freeies Artistic supervision, Rita Babo. Berlin: Montaigne, 20001 CD (36:50). Faixa 1 (2:29)

SCHAFER, M. *A garden of Bells*. The Choral Music of r. Murray Schafer, vol. 1.Vancouver Chamber Choir. Jan Washburn, Conductor. Grouse Records, 1254 Canada 1 CD (56:35). Faixa 2 (2:37)

_____. *A garden of Bells*. The Choral Music of r. Murray Schafer, vol. 1.Vancouver Chamber Choir. Jan Washburn, Conductor. Grouse Records, 1254 Canada 1 CD (56:35).Faixa 13 (6:54)

BERIO . STRAVINSKY . SCHAFER. Jean Stilwell mezzo soprano. Canadian Chamber ensemble RAFFI ARMENIAN. Canadian Broadcasting Corporation / sociéte. Radio-Canada, MUSICA VIVA:1944. 1 CD (55:10). Faixa 7 (1:40)

ABOUT TIME 20TH CENTURY AMERICAN VOCAL MUSIC. Mimmi Fulmer, soprano. Martin Amlin, piano. Centaur Records, Inc., 2001 1 CD (67:49). Faixa 13 (2:19)

BERBERIAM, C.:*The many voices of Cathy Berberian*. Wergo Music &Media. Mainz, W. Germany : Wergo, p1988 (44:18). Faixa 6 (2:24)

SCHOENBERG,A. *Arnold Schoenberg – Chorus Music*. BBC Singers&Chorus&Symphony Orchestra.Pierre Boulez, Conductor.Sony Classical, 1990 1 CD Disc 1 (46:28) Faixa 6 (0:48)

_____. *Arnold Schoenberg – Chorus Music*. BBC Singers&Chorus&Symphony Orchestra.Pierre Boulez, Conductor..Sony Classical, 1990 Disc 2 (58:42) Faixa 17 (7:26)

SOBRE O LIVRO

Formato: 16 x 23
Mancha: 28 x 45 paicas
Tipologia: IowanOldSt BT 10/14
Papel: Offset 75 (miolo)
Supremo 250 g/m² (capa)

1ª edição: 2008

EQUIPE DE REALIZAÇÃO

Edição de Texto
Antonio Alves (Copidesque)
Ana Cecília Água de Mello (Revisão)
Oitava Rima Prod. Editorial (Atualização Ortográfica)

Editoração Eletrônica
Oitava Rima Prod. Editorial (Diagramação)

Edição de partituras
Presto
www.presto.mus.br

Impressão e acabamento